스키
일주일만에 고수되기

이필근 | 김강래

본 서는 2010학년도 오산대학 교재개발연구 지원비에 의하여 출판되었음.

머 리 말

스키는 흰 눈 위에서 즐기는 스포츠이기에 하얀 눈으로 덮힌 스키장의 분위기만으로도 스키어들의 마음을 즐겁게 하고 흥분시킨다.

여가시간의 증대로 스키를 즐기는 사람이 많아졌고, 일선 학교에서도 스키 수업이 활성화되어 스키는 이제 평생스포츠로서 자리매김하고 있다. 특히 2011년 7월 IOC총회에서 평창이 2018년 동계올림픽 개최지로 확정되었기에 동계스포츠로서 스키에 대한 관심이 더욱 더 고조될 것이라 확신한다.

이 책은 스키에 입문하는 초보자들과 어느 정도 수준이 있는 중급자들이 보다 쉽고 빠르게 스키 기술을 배우고 익숙해질 수 있도록 하는 데 중점을 두었다.

필자들은 오랜 시간에 걸쳐 심혈을 기울여 본 서를 집필하였다. 그럼에도 아쉬운 부분은 추후 개정·보완할 것을 약속드리며, 본 서가 스키를 배우려는 사람들에게 조금이나마 보탬이 되었으면 하는 바람이다.

마지막으로 사진 촬영을 맡아주신 김진태 선생님, 그리고 스키장비와 용품을 협찬해주신 젬스포 김동욱 대표님께 감사드린다.

2011년 10월

저자 씀

차 례

Chapter 1. 스키장비 바로 알기

Step 1. 스키 플레이트 고르기 ·································· 11
Step 2. 스키를 잡는 방법 ····································· 14
Step 3. 스키를 짊어지는 방법 ··································· 16
Step 4. 스키를 들고 걷기 ····································· 18
Step 5. 부츠의 종류 ······································· 20
Step 6. 부츠를 신는 방법 ····································· 22
Step 7. 부츠를 신고 걷기 ····································· 24
Step 8. 부츠를 신고 사면 오르내리기 ································ 26
Step 9. 스톡을 고르는 방법 ···································· 28
Step 10. 스톡을 쥐는 방법 ····································· 29
Step 11. 스톡 제대로 활용하기 ··································· 31

Chapter 2. 스키 첫발 내딛기

Step 1. 스키를 신는 방법과 벗는 방법 ······························· 37
Step 2. 방향 전환하기 ······································· 40
Step 3. 스키를 신고 걷기 ····································· 43
Step 4. 사면 오르기/개단등행 ··································· 45
Step 5. 사면 오르기/개각등행 ··································· 48
Step 6. 스톡을 이용하여 전진하기 ································· 50
Step 7. 웅크렸다가 점프하기 ··································· 52
Step 8. 발 벌려 정지하기 ····································· 54

Step 9. 옆으로 정지하기 ·· 56
Step 10. 스케이팅하기 ·· 58
Step 11. 여러 가지 스케이팅 ······································· 60

Chapter 3. 슬로프에 익숙해지기

Step 1. 리프트 타고 내리기 ·· 65
Step 2. 스키의 기본자세와 움직임을 상상해보자 ········· 68
Step 3. 넘어지기, 일어나기 ·· 71
Step 4. 위험한 넘어지기 ·· 74
Step 5. 사면에서 스키 신기 ······································· 76
Step 6. 스타트 준비(방향전환) ··································· 78
Step 7. 푸르그 스탠스에서 직활강하여 1번 턴하기 ····· 80
Step 8. 초보자의 푸르그 보겐 ··································· 82
Step 9. 패러렐 스탠스에서 푸르그 스탠스로 정지 ······ 84
Step 10. 패러렐 스탠스에서 슈템 동작으로 정지 ········ 86
Step 11. 초보자의 슈템 턴 ··· 88
Step 12. 패러렐 스탠스를 유지하며 옆으로 정지 ········ 90
Step 13. 스키를 옆으로 하는 동작의 연속 ·················· 94
Step 14. 스톡을 찔러 턴하기 ····································· 98
Step 15. 푸르그 스탠스로 사활강 ······························ 102
Step 16. 패러렐 스탠스로 사활강 ······························ 104
Step 17. 푸르그 스탠스로 직활강 중에 점프하기 ······· 106
Step 18. 푸르그 스탠스로 사활강 중에 점프하기 ······· 108
Step 19. 턴 사이즈 바꾸기 ··· 110
Step 20. 짧은 거리 활강하기 ···································· 112
Step 21. 장거리 활강하기 ··· 114

Chapter 4. 어려운 사면을 정복하자

Step 1. 한쪽 푸르그로 사활강하기 ················· 119
Step 2. 패러렐 스탠스로 사활강과 기르란데 ········· 122
Step 3. 횡활강으로 급사면 내려가기 ··············· 124
Step 4. 스톡을 사용해서 턴하기 ··················· 126

Chapter 5. 스키 120% 즐기기

Step 1. 한쪽 푸르그로 에지를 세워 산쪽 회전 ······· 131
Step 2. 패러렐 스탠스로 에지를 세워 산쪽 회전 ····· 133
Step 3. 안쪽 발로 턴하기 ························· 136
Step 4. 카빙턴의 포인트 ·························· 138
Step 5. 경사가 심한 곳에서 점프하기 ·············· 140

Chapter 6. 준비운동

Step 1. 어깨돌리기 ······························· 145
Step 2. 스톡 들고 앞뒤로 펴기 ···················· 145
Step 3. 스톡 들고 좌우로 펴기 ···················· 146
Step 4. 스톡 끼고 윗몸 비틀기 ···················· 146
Step 5. 스톡 짚고 다리 앞뒤로 흔들기 ············· 147
Step 6. 다리의 내전과 외전운동 ··················· 147
Step 7. 엉덩관절의 내선·외선운동 ················· 148
Step 8. 어깨 스트레치 1 ·························· 148

Step 9. 어깨 스트레치 2 ··· 149
Step 10. 어깨 스트레치 3 ·· 149
Step 11. 어깨 스트레치 4 ·· 150
Step 12. 손목 스트레치 ··· 150
Step 13. 엉덩관절과 넙다리 스트레치 ································· 151
Step 14. 엉덩관절과 넙다리뒤쪽 스트레치 ························ 151
Step 15. 다리 뒤쪽 스트레치 ··· 152
Step 16. 몸 뒤쪽 스트레치 ··· 152
Step 17. 어깨와 엉덩관절 스트레치 ···································· 153
Step 18. 엉덩관절과 다리 안쪽 스트레치 ·························· 153
Step 19. 넙다리 뒤쪽과 엉덩이 스트레치 ·························· 154
Step 20. 넙다리 앞쪽과 허리 스트레치 ······························ 154
Step 21. 발목 돌리기 ··· 155

◇ 참고문헌 ·· 157

Chapter 1

스키장비 바로 알기

Chapter 1에서는 스키장비의 선택방법과 사용방법을 설명한다. 우선 자신에게 맞는 스키, 부츠, 스톡을 정확히 선택하자. 잘 모를 경우에는 매장의 직원과 마음 편히 상담하자.
익숙하지 않으면 부츠 착용, 스키 운반도 어려운 법이다. 그러므로 우선 가능한 한 빠르고 쉽게 익힐 수 있는 취급방법을 소개한다.
슬로프에 나서기 전에 자신의 장비에 익숙해지는 것도 중요하다. 플라스틱 부츠와 스키를 쥐는 방법에 익숙해지는 것만으로도 스키의 재미가 대폭 상승하므로 우선 기초부터 시작하자.

Step 1. 스키 플레이트 고르기

　대략적인 예산을 세우고 스키샵의 직원에게 이야기하면 적정가격의 스키를 골라 줄 것이다.

　스키를 시작하려면 플레이트뿐만 아니라 부츠, 폴, 스키복 등의 장비를 갖추어야 한다. 잡지나 카탈로그를 보고 고민할 바에야 먼저 스키샵을 방문해 보자. 당당하게 "이제부터 스키를 시작할 생각입니다."라고 직원에게 말하자. 다음은 예산이다. 카탈로그에는 기재되어 있지 않은 특가상품도 있기 때문에 다양한 조언을 받을 수 있을 것이다.

> 초보자 및 실력상승을 희망하는 사람에게는 무엇이든 할 수 있는 올라운드 모델을 추천한다. 스키플레이트의 센터가 두꺼우면 파우더 및 거친 사면에서도 쉽게 탈 수 있다. 부드러운 플레이트를 선택하자.

소회전용(short turn) 스키

소회전용 스키는 스키 플레이트가 짧고 머리부분이 두껍다. 기초계열 모델에는 부드럽고 취급하기 쉬운 것도 있다. 하지만 사이드커브가 심하지 않은 것이 좋다.

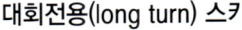

대회전용(long turn) 스키

대회전용 스키는 스키 플레이트가 얇고 긴 것이 특징이다. 스피드에 강한 설계로, 무게도 있으며 활강 시의 느낌도 묵직하다. 초보자에게는 추천하지 않는다.

트윈팁(twin-tip) 스키

스키장에 있는 파크(park) 내지는 하프 파이프(half pipe)에서 점프하고 싶다고 생각했다면 테일이 올라와 있어서 뒤를 보고도 타기 쉬운 트윈팁 스키를 사는 것도 방법이다. 비교적 짧고 두껍지 않은 것이라면 일반적인 활강연습에도 사용할 수 있다.

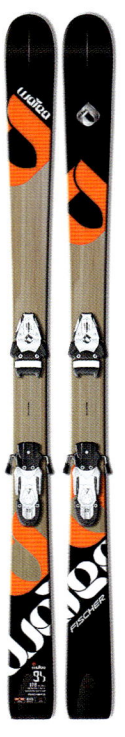

모글(mogul) 스키과 팻(fat) 스키

플레이트가 두꺼운 것은 파우더용(powder), 얇은 것은 모글용으로 작은 언덕에서 타기 위한 스키. 둘 다 특정 조건하에서는 취급하기 쉬우나 초보자 및 실력향상을 원하는 사람에게는 권하지 않는다.

스키를 타면서 '이것을 하고 싶다'라는 것을 발견한 이후 선택하자.

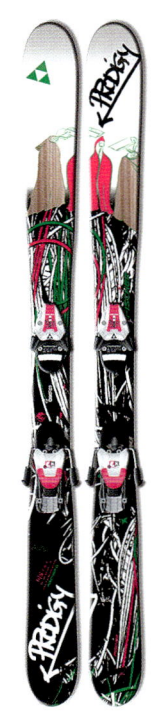

Step 2. 스키를 잡는 방법

스키의 에지(edge)를 잡으면 장갑이 손상되기 쉽다. 바인딩(binding) 부분을 잡는 습관을 들이자.

스키의 에지는 칼날과 비슷하다. 맨손으로 잡으면 손에 상처를 입을 수도 있다. 평상 시 스키를 잡을 때에는 바인딩 부분(앞부분)을 잡는 습관을 들이자. 그렇게 함으로써 장갑도 오래 쓸 수 있다.

또 스키의 바인딩 스토퍼(binding stopper)를 이용하여 양쪽 스키를 간단히 한 데 모을 수 있다. 이렇게 하면 스키를 무리하게 떼어내려고 해도 떨어지지 않는다. 무리하게 떼어내면 스키에 손상을 입힐 수도 있다. 바인딩의 투피스(two piece) 부분을 잡고 양쪽 스키를 위아래로 어긋나게끔 움직이면 간단히 분리할 수 있다. 반대로 한쪽 스키를 위에서 아래로 움직이는 방법도 있다.

Point-1
손가락이 에지를 건드리지 않도록 바인딩의 투피스 부분을 쥐자.

Point-2
좌우의 스키를 분리하거나 합칠 때에는 한쪽 스키를 위아래로 움직이자.

분리하기

합치기

Point-3
설면에 스키를 놓을 때에는 투피스를 쥔 채로 살짝 놓자.

Step 3. 스키를 짊어지는 방법

스키를 쥐는 방법 하나만으로도 남들로 하여금 '잘 타는 사람 같다'라는 생각을 들게 할 수 있다. 바르게 짊어지는 것은 매너상으로도 중요하다.

스키를 어깨에 짊어지면 스키를 잘 타는 사람처럼 보인다. 익숙하지 않으면 양쪽 스키가 흐트러지거나, 제대로 짊어지기가 힘들 수도 있다. 그러나 한 번 익숙해지면 간단하다.

바르지 못한 스키 운반법
바인딩의 가운데 부분을 어깨에 놓으면 스키복이 더러워지거나 스키가 흐트러지기 쉽다. 게다가 남들이 '초보자 같다'고 생각할 것이다.

스키를 올바르게 짊어지는 방법은 한데 겹친 스키의 앞부분을 양손으로 잡고 어깨에 올리는 것이다. 포인트는 바인딩의 앞부분이 어깨 뒤에 닿도록 놓는 것이다. 스키의 앞부분을 손으로 누르면 스키가 흐트러지지 않는다. 균형을 잡기 쉬운 방법이므로 장거리를 걸을 때에도 가장 편한 자세이다.

'바르지 못한 방법'과 같이 짊어지면 스키복이 더러워질 뿐만 아니라 쉽게 피로해진다.

올바른 스키 운반법

주차장 및 사람이 많은 곳에서는 주위의 안전을 확실히 확인하자. 스키플레이트로 사람을 치는 것도 물론 주의해야 하지만, 자신의 애마나 타인의 차를 손상시키지 않도록 주의하자.

Step 4. 스키를 들고 걷기

사람이 많은 곳이나 곤돌라(gondola) 탑승장에서는 스키를 어깨에서 내려 손으로 들어야 한다. 이때 주위 사람들에게 피해가 가지 않도록 주의하자.

매표소 및 곤돌라 탑승장 등 사람이 많은 곳에서 스키를 짊어지고 있으면 위험하며 센스없는 행동이다. 이런 곳에서는 스키를 손에 쥐고 운반하자. 스키가 겹치도록 하여 한 손으로 쥐는 방법과, 양손에 하나씩 쥐는 방법이 있는데, 여성 및 초보자에게 권하

양손에 스키를 쥐는 방법

가장 간단하고 편한 방법은 양손으로 쥐는 것이다. 스키를 바인딩으로부터 분리하고 투피스를 쥐는 것뿐이다. 트윈팁 스키의 경우 그대로 곤돌라에 탑승하는 것도 OK.

◀ 하나로 모은 스톡을 쥘 때에는 그립을 잡고 뾰족한 앞부분을 반드시 아래로 향하도록 하자. 어린 아이의 눈을 찌를 수 있으므로 매우 위험하다.

는 방법은 양손에 스키를 하나씩 쥐는 방법이다. 스톡의 스트랩(strap)에 손을 통과시킨 채 바인딩의 투피스(앞부분) 부분을 쥐면 무겁게 느껴지지 않으며 외관상으로도 스마트하다. 트윈팁 스키는 곤돌라 외부에 있는 스키운반공간에 겹쳐서 넣을 수 없기 때문에 위와 같은 방법으로 운반해서 한쪽씩 싣는다. 한 손으로 운반하는 것은 상급자들이 사용하는 방법이다. 요령을 익히면 간단하다. 스톡에 주의를 기울이자.

한 손으로 스키를 질 경우

여성 및 스키 취급이 익숙하지 않은 초보자에게는 다소 어려운 것이 한 손으로 쥐는 방법이다. 투피스의 약간 위를 잡고 든다. 이때 테일이 바닥에 끌리지 않도록 주의한다.

◀ 투피스의 바로 윗부분을 잡자.

Step 5. 부츠의 종류

부츠(boots)는 스키의 요점이다. 스키 플레이트 이상으로 진지하게 선택하자. 아프지 않고 너무 딱딱하지 않은 부츠를 스스로 만족할 수 있을 때까지 고르자.

부츠는 스키 플레이트 이상으로 실력 향상을 좌우하기 때문에 진지하게 골라야 한다. 상급자용일수록 딱딱한 부츠가 많으며, 딱딱한 부츠에 익숙하지 않은 사람은 움직이는 데에 어려움을 느낀다. 처음에는 '발이 아프지 않다'라는 이유로 큰 사이즈를 고르기 쉬우나 스키샵에서 자신의 발사이즈를 측정하여 자신의 발에 딱 맞는 사이즈를 고르도록 하자. 동일한 메이커의 부츠라도 경도 및 형태가 다르기 때문에 스키샵의 직원과 상담하는 것이 바람직하다. 시간을 들여가면서 가장 잘 맞는 부츠를 찾아보자.

부츠의 종류는 다양하다.

부츠는 컬러뿐만 아니라 다양한 경도 및 형태가 있다. 자신의 정강이 길이도 참고하여 가능한 한 딱 맞는 사이즈를 고르자.

동일한 메이커, 동일한 사이즈라도 목적 및 대상이 다르면 모양도 달라진다.

동일한 메이커의 부츠라도 폭, 모양이 다르다. 고르는 기준은 발의 세로치수이다. 어딘가가 맞닿아서 통증이 있으면 사이즈가 큰 것을 고르기 전에 동일한 사이즈이면서 폭이 넓은 것을 골라보자.

부츠의 이너에도 신경을 쓴다.

부츠의 이너(inner)는 탈착이 가능하다. 약간의 통증이 느껴질 때에는 패드를 부착하는 등의 응급처치가 가능하다. 부츠를 고를 때에는 이너를 꺼내어 체크하는 것도 한 가지 방법이다.

버클을 조이는 정도로도 인상이 바뀐다.

버클을 조이는 방법으로도 부츠는 변화한다. 너무 헐거워도 안 되며, 너무 조여도 부츠의 성능이 발휘되지 않는다. 버클의 조임은 가능한 한 균등하게 하자. 조절장치를 통해 섬세하게 조정하여 쾌적한 피트감을 느껴야 한다.

Step 6. 부츠를 신는 방법

'스키가 싫다'라고 이야기하는 사람들 중 대다수가 부츠를 올바르게 다루지 못하는 사람들이다. 그러나 차근차근 배우면 생각보다 어렵지 않다.

일단 부츠(boots)는 따뜻한 곳에 보관한다. 그러나 난로 앞에 밤새 두어서는 안 된다. 부츠가 변형되어버리는 경우도 있기 때문이다. 숙소의 건조실이나 방안에서 건조시키자. 차 안에 방치해두는 것도 바람직하지 않다. 부츠의 플라스틱부분이 차가워져서 딱딱해지기 때문에 신기가 힘들어진다. 하지만 그럴 때에도 올바른 방법으로 신으면 된다. 부츠 안에서는 발의 위치가 1mm라도 어긋나면 발과 부츠 속이 맞닿거나 위화감이 느껴진다. 그냥 신는 것이 아니라 올바른 위치에 발을 맞추자. 발끝부분을 들고 신으면 발꿈치가 부츠에 쉽게 들어간다. 스키 바지의 파우더커프(powder cuff)를 바르게 내리지 않으면 부츠 속으로 눈이 들어갈 수도 있을 것이다.

파워벨트의 중요성

부츠 최상부의 파워벨트는 파워의 손실을 방지하는 중요한 부품이다. 그러나 너무 강하게 조이면 발목을 움직이기 어려울 수도 있다. 발목의 움직임이 영 불편할 때에는 파워벨트를 느슨하게 하는 것이 좋다.

Chapter 1. 스키장비 바로 알기 · **23**

(tongue)를 앞으로 밀어 입구
넓힌다.

2
발끝을 넣는다.

3
크게 벌려 발 전체를 넣는다.

4
설포를 정강이 위치에 맞춘다.

발끝부분의 버클부터 조인다.

6
커프가 열리지 않도록 누른다.

7
조임 정도를 확인한다.

8
파워벨트를 조인다.

파우더스커트(powder skirt)를 내린다.

10
완성

Step 7. 부츠를 신고 걷기

스키와 몸을 잇는 가장 중요한 역할을 담당하는 스키부츠. 우선 스키부츠에 익숙해지는 것부터 시작하자.

자, 드디어 슬로프(slope)다. 하지만 초보자는 갑자기 스키를 신지 않도록 하자. 부츠를 선택하는 방법을 통해서도 말했지만 부츠는 스키의 요점이다. 부츠를 능숙하게 사

스톡을 사용하면서 걸어보자

양쪽 스톡으로 설면을 찌르며 걷는다. 부츠를 신고 있더라도 발목을 구부리는 움직임은 매우 중요하기 때문에 이 느낌을 기억하자.

용하는 것이 실력 향상의 최단코스이다. 우선 부츠를 신고 걸어보자. 이때 중요한 것은 스톡도 가지고 걷는 것이다. 스톡을 능숙하게 사용하게 되면 매우 편하기 때문에 초기에 스톡사용에 익숙해지자. 부츠를 신고 뛸 수 있을 정도가 되면 부츠의 자연스러운 휘는 정도 등을 느낄 수 있게 된다. 부츠에 익숙해지는 것부터 시작하자.

약간 앞으로 기울인 자세에서 달린다

걷기에 익숙해지면 스톡으로 설면을 찌르면서 달려보자. 부츠의 발끝을 사용할 수 있게 되었다면 전경(前傾)자세가 가능해졌다는 증거다.

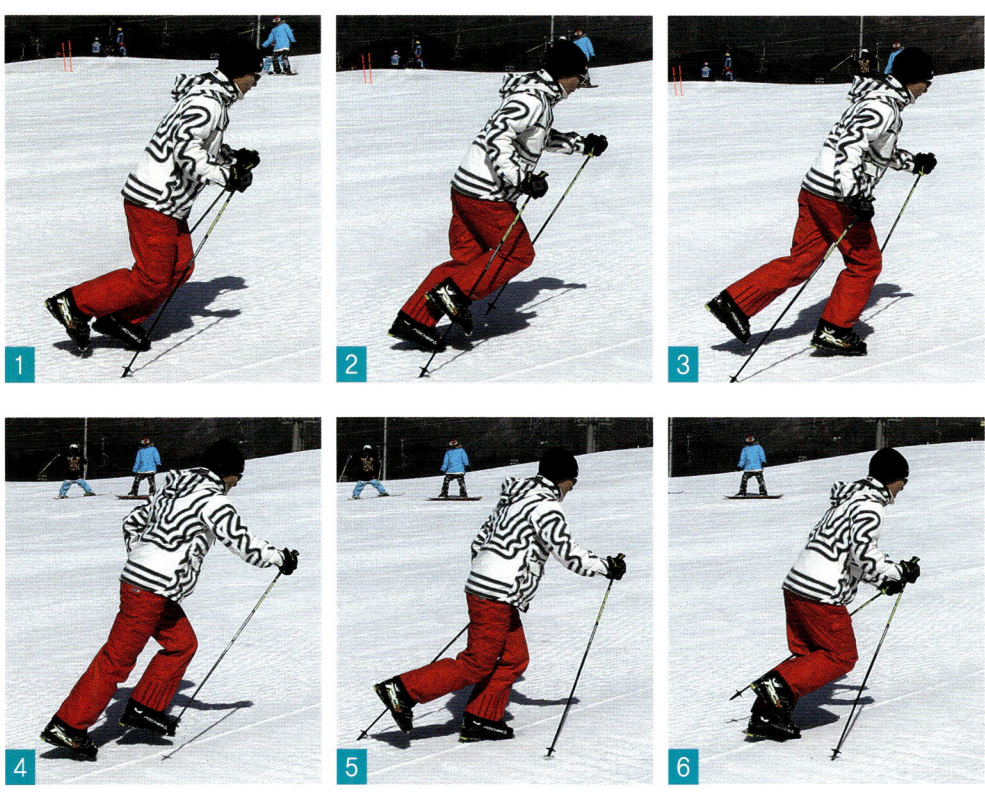

Step 8. 부츠를 신고 사면 오르내리기

부츠를 신고 능숙하게 걸을 수 있게 되었다면 이어서 사면을 오르내려 보자. 요령은 부츠의 '에지'를 사용하는 방법에 있다.

스키 부츠를 착용하고 평지를 걷거나 하여 발에 익숙해지면 사면을 오르내리는 움직임에 도전하자. 경사가 있는 곳을 걸어보면 부츠의 사용방법 및 균형감각을 더욱 잘 알

발끝으로 차듯이 하며 올라간다

평상시의 걷는 방법보다 전경자세를 의식하며 사면을 차듯이 발끝으로 설면을 찌르면서 올라간다. 이를 능숙히 하게 되면 발목이 구부러지는 느낌이 있을 것이다. 스톡 사용을 잊어서는 안 된다.

1

2

3

4

5

수 있을 것이다. 사면을 올라가는 요령은 발끝으로 설면을 찌르는 듯 걷는 것이다. 내려가는 동작은 반대로 부츠의 뒤꿈치를 의식하는 것이다. 이때에도 스톡을 능숙하게 사용하면 미끄러지기 쉬운 사면도 두렵지 않다. 천천히 장비에 익숙해져 보자.

내려가는 방법

사면을 내려갈 때에는 발꿈치로 설면을 찌르듯 하고, 보폭은 평상시보다 좁힌다. 스톡으로 앞쪽을 찌르면서 균형을 유지하자.

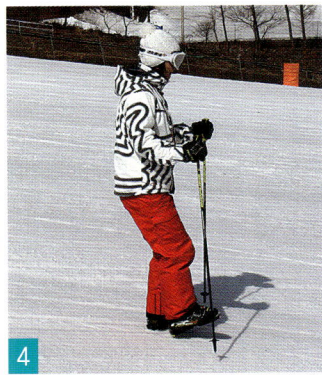

Step 9. 스톡을 고르는 방법

　스톡(stock, ski pole) 선택은 기타 장비를 구입한 이후 가장 마지막 단계가 될 수도 있다. 하지만 스톡도 중요하다. 진지하게 고르자.

　스키장비를 갖출 때 뒤로 미루게 되고 게다가 저렴한 것을 고르기 십상인 것이 스톡이다. 저렴한 스톡도 처음에는 문제없다. 하지만 다소 가격이 비싸더라도 내구성이 뛰어난 카본 샤프트 스톡(carbon shaft stock), 가벼운 것을 선호한다면 안성맞춤인 알루미늄 샤프트 스톡(aluminium shaft stock), 길이 선택이 고민이라면 어저스터블 샤프트 스톡(adjustable shaft stock) 등 마음에 드는 스톡을 선택하면 된다.

카본 샤프트 스톡

카본은 독특한 탄력이 있다. 찌르는 느낌은 소프트하다. 이 느낌은 호불호가 갈리기 때문에 점원과도 상담해보자.

알루미늄 샤프트 스톡

비교적 저렴해서 인기가 있다. 가장 큰 장점은 가벼움이다. 그러나 너무 저렴한 모델은 무거울 수도 있기 때문에 주의하자.

어저스터블 샤프트 스톡

스키를 탈 때 사면(斜面) 및 상황에 맞춰서 길이를 바꿀 수 있는 것이 어저스터블 샤프트 스톡이다. 최근 가장 많이 사용되고 있다. 예산에 여유가 있다면 이것을 선택하자.

Step 10. 스톡을 쥐는 방법

초보자를 보면 스톡을 잘 사용하지 못한다는 느낌을 받는다. 잘 타는 사람일수록 스톡을 최대한으로 이용하는 것을 볼 수 있다.

스톡은 매우 편리한 장비다. 아마 편리하다는 의미에서는 스키장비 가운데 으뜸이라고 볼 수 있다. 하지만 초보자가 가장 능숙히 사용하지 못하는 것이 스톡이다. 여기에

일반적인 쥐는 방법

우선 그립의 좌우를 확인하자. 모를 때에는 스트랩을 보자. 스트랩이 비틀어지지 않도록 아래로부터 손을 넣어서 스트랩과 함께 그립을 쥔다. 스트랩의 조절도 잊지 말자. 익숙해지면 그림을 보지 않고도 쥘 수 있게 된다.

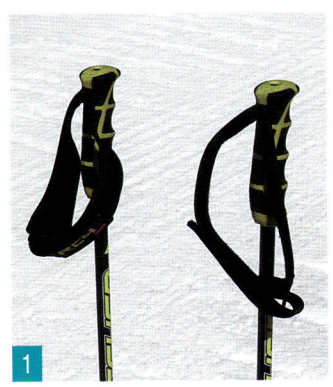

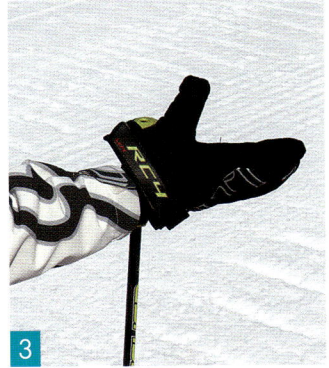

서는 기본적인 쥐는 방법부터 설명한다. 우선 그립의 좌우를 확인하자. 혹시 이를 모를 경우에는 스트랩을 확인하자. 스트랩이 그립의 윗부분부터 나와 있는 쪽이 안쪽이다. 이를 파악하면 스트랩의 아래로부터 손을 넣어서 스트랩과 함께 그립을 쥔다. 스트랩의 길이는 조정할 수 있는 모델이 대부분이다. 자신이 가장 쥐기 편한 길이로 조절하자. 리프트 탑승장까지 이동하기 위해서 스톡을 젓거나 미묘하게 경사가 변하는 지점에서 스키의 움직임을 멈추는 등, 스키장의 다양한 변화에 대응해서 스톡을 활용한다.

상황에 따라 쥐는 방법을 조금 바꾼다

쥐는 방법을 조금 바꾸면 리프트 탑승장 및 활강전의 얕은 경사에서도 멈춰 있을 수 있다. 능숙하게 스톡에 몸을 맡기게 되면 매우 편하다. 스톡은 철저히 활용하자.

Chapter 1. 스키장비 바로 알기 · 31

Step 11. 스톡 제대로 활용하기

스톡은 스키에서만 사용할 수 있는 매우 편한 장비이다. 그런 멋진 장비를 사용하기 위한 연습방법을 알아본다.

보통 사람이 걸을 때에는 오른발을 내딛을 때 왼손이 앞으로 나간다. 우선 평범하게 걸으면서 스톡을 찔러보자. 이 '스톡을 찌르는' 동작은 반드시 의식적으로 실시해야 한다. 초보자는 활강에만 집중해서 균형을 잡는 데에 중요한 역할을 수행할 스톡을 능숙하게 사용하지 못한다. 스키를 착용하고 활강하기 전에 우선 스톡에 익숙해지자. 걸으면서 스톡을 찌를 수 있게 되었다면 이번에는 오른발과 오른손, 왼발과 왼손을 동시에 움직이면서 걸

활주 시에는 스톡과 발의 움직임이 맞아야 한다

사실 활주 중에는 양손과 양발의 움직임이 동조하고 있다. 내딛은 발이 턴 중의 바깥다리이다. 바깥쪽 손도 의식해서 스톡을 찌르도록 하자. 이 느낌을 알게 되면 스키타기가 매우 편해진다.

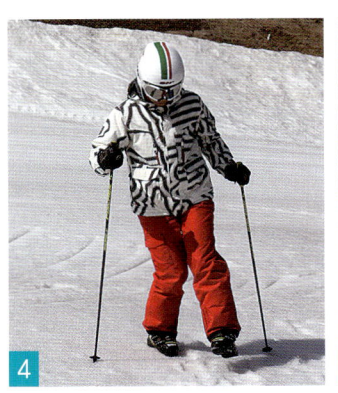
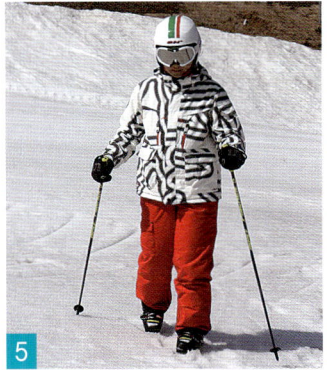

어보자. 거리에서 이처럼 걸으면 이상하지만, 이 움직임은 스톡의 기본적인 사용방법이다. 능숙해질수록 이 움직임의 중요성을 깨닫게 될 것이다. 눈 위에서 허둥지둥하기 전에 부츠와 스톡에 익숙해지기 위해서도 이 움직임을 마스터해두자. 이 외에도 스톡의 사용방법을 소개할 것이므로 이도 참고해보자. 능숙하게 사용할 수 있게 되면 매우 편하다.

휴식 시 스톡활용

슬로프에서 잠시 쉴 때에도 스톡을 유효하게 이용하자. 설면을 찔러 발판을 확보한 후 기댈 수도 있다. '스톡을 사용한다'는 의식을 항시 잊지 말자!

워밍업할 때의 스톡 활용

스톡을 버팀목으로 하여 점프해보자. 그립의 윗부분을 쥐고 이를 버팀목으로 몸을 끌어올린다. 연속해서 가능해지면 자연스럽게 발목의 구부림도 가능해진다. 스키를 신고 이러한 동작이 가능해진다면 생각지 못한 때에 유용하게 사용할 수도 있다.

리프트 대기에 없어서는 안 될 스톡

리프트 탑승 직전 등, 경사가 변하는 지점은 의외로 많다. 그러한 장소에서는 스키만으로는 아무리 노력해도 미끄러진다. 스톡을 버팀목으로 하여 스마트하게 서자.

뒤쪽으로 경사진 곳　　　　　앞쪽으로 경사진 곳

장비를 능숙하게 사용하자!

스키에는 부츠 및 스키 플레이트 이외에도 고글에 장갑, 웨어 등과 같은 다양한 장비가 있다. 사용방법을 익혀두면 앞으로도 스키를 즐겁게 해줄 훌륭한 장비들이다.

어떠한 스포츠라도 장비가 없으면 성립되지 않는다. 예를 들어 치매예방을 위한 조깅의 경우에도 제대로 된 러닝슈즈가 없으면 무릎에 손상을 입는 등, 즐겁지 않다. 스키는 어떤 의미에서 그런 스포츠 가운데 가장 장비를 중요시한다고 볼 수 있다. 자신에게 맞는 장비를 고르지 않으면 결국 재미없는 운동이 되어버린다. 반대로 아무리 자신에게 맞는 장비라도 능숙하게 사용하지 못하면, 역시 재미가 없어질 것이다. 따라서 스키를 능숙하게 타기 위한 연습을 생각하는 것도 물론 중요하지만, 어떻게 장비를 능숙하게 사용할 것인가를 생각하는 것도 중요하다. 장비를 자신의 생각대로 취급할 수 있게 되면 그만큼 눈 위에서 자신의 움직임도 활발해질 것이다. 만일 장비를 자유자재로 사용할 수 있게 된다면 활강도 조기에 가능해질 것이다.

Chapter 2

스키 첫발 내딛기

스키 및 스톡에 익숙해지기 위해서, 그리고 스키의 감각을 익히기 위해서도 우선 평평한 설면에서부터 익숙해져야 한다. 스톡을 이용하면서 활주를 시작하면 속도도 별로 나지 않을 것이며 그러한 가운데 스키의 느낌을 익히면 슬로프에서의 데뷔 이후에도 실력향상이 빨라질 것이다.
스키 실력향상의 비결은 스키, 스톡 등의 장비를 얼마나 능숙하게 사용할 수 있는가에 있다.

Step 1. 스키를 신는 방법과 벗는 방법

부츠에 익숙해지면 스키를 신어보자. 이때 주의해야할 일은 '부츠 바닥에 붙은 눈을 깨끗이 털어내는 것'이다. 이러한 동작을 하지 않으면 부츠를 바인딩(binding)에 정확하게 장착할 수 없다. 우선 바인딩의 스토퍼로 확실히 설면을 찌르고 투피스로 부츠 바닥의 눈을 제거하자. 평평한 곳에서도, 사면에서도 초조해 하지 않는 것이 중요하다. 스키를 고정시키거나 부츠 바닥의 눈을 털어내는 동작은 침착하게 하자. 초조해하면 생각대로 잘 되지 않는다.

스키를 신는 방법

바인딩의 스토퍼로 설면을 찔러서 고정시키자. 다음으로 발끝은 투피스 가운데에 놓고 마지막으로 발꿈치 위치가 어긋나지 않도록 하여 수직으로 밟는다.

레버가 올라가 있거나(왼쪽) 발뒤꿈치의 위치가 어긋난 경우에는 세트할 수 없다.

부츠 바닥에 붙은 눈에 주의하자

눈 위를 걷다 보면 부츠 바닥에 눈이 붙는다. 그대로 방치하면 부츠가 바인딩에 정확하게 장착되지 않거나 활강 도중 벗겨져버리는 경우가 있다. 투피스 위에서 부츠를 전후로 움직여 바닥에 붙은 눈을 털어내자.

스키를 벗는 방법

스톡 또는 손으로 바인딩의 힐레버(heel lever)를 눌러서 벗긴다. 나머지 한쪽은 벗은 부츠로 밟으면 된다. 스키 플레이트로 레버를 밟고 벗으면 안 된다. 왜냐하면 에지 및 활주면이 손상될 수 있기 때문이다.

Step 2. 방향 전환하기

긴 스키를 신으면 몸의 방향을 바꿀 때에도 요령이 필요해진다. 몇 가지 패턴을 익혀서 상황에 따라 사용해보자.

스키를 신으면 사면을 활주해보고 싶다는 생각이 드는 것은 이해하지만 잠시만 참자. 우선 평평한 곳에서 움직여보자.

능숙하게 스키를 타려면 장비를 자유자재로 사용할 수 있어야 한다. 우선 스키를 신

탑을 조금씩 움직여서 방향을 바꾼다

방향전환의 처음은 스키의 탑을 조금씩 움직이는 방법이다. 포인트는 스톡으로 확실히 몸을 지탱하는 것이다. 완만한 경사에서도 스키는 미끄러지기 시작하기 때문에 스톡으로 움직임을 멈춰두자.

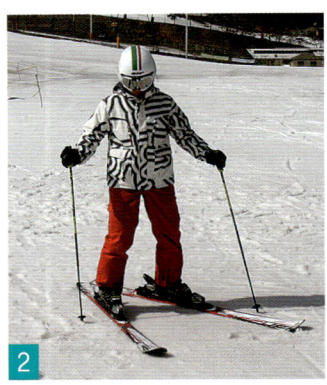
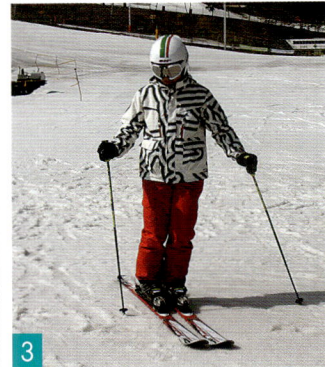
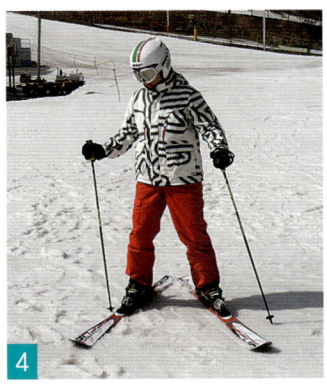

고 방향전환부터 시작해보자. 긴 스키를 신고 자유자재로 방향전환을 할 수 없다면 사면에서 제대로 된 움직임을 할 수 없게 된다. 사면을 활주하기 전에 장비에 익숙해진다는 의미도 포함해서 이와 같은 방향전환부터 연습할 필요가 있다. 어떤 방법이라도 익숙해지면 간단하다.

킥 턴

킥턴(kick turn)이 가능해지면 조금 잘 타는 것처럼 보인다. 사실 의외로 사람들은 킥턴을 어려워한다. 킥턴을 익혀두면 사면이나 좁은 장소에서 방향을 바꾸기 쉽기 때문에 마스터해두면 편리하다. 스톡과 한쪽 다리로 확실히 서는 것이 요령이다.

점프턴

점프로 방향전환이 가능해지면 멋있어 보인다. 실제로 활주 시의 스키를 꺾는 감각과 회전시키는 감각도 익힐 수 있기 때문에 즐거운 느낌으로 도전해 보자. 가능해지면 이 점프 동작만으로도 스키를 즐길 수 있다.

1

2

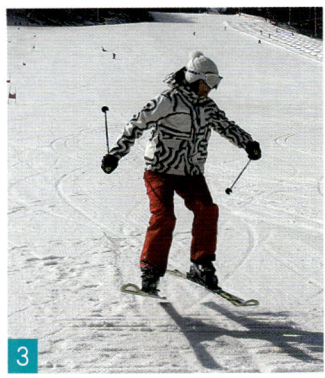

3

4

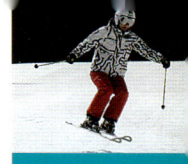

Step 3. 스키를 신고 걷기

평평한 곳에서 스키를 신고 걸어보자. 빨리 타고 싶다고 해서 서둘러서 슬로프에 서면 생각대로 되지 않는 스키 때문에 고생하게 된다. 이는 그 나름대로 스키의 즐거움 가운데 하나이지만, 사면에서 활주하기 전에 장비 사용법을 익혀두어야 스키가 미끄러지는 감각에 친숙해질 수 있다. 그 첫걸음이 평평한 장소에서 스키를 신고 걷는 것이다.

미끄러지는 감각을 익히자

포인트는 스톡으로 몸을 밀어내는 듯 하는 것과 스키를 들어올리지 않고 미끄러지는 것이다. 몸을 앞으로 밀어내듯이 하면 앞으로 잘 간다. 스키가 설면을 미끄러지는 감각을 확실하게 익혀두면 실제로 사면에서 활주를 시작한 이후에도 실력향상의 속도가 달라진다.

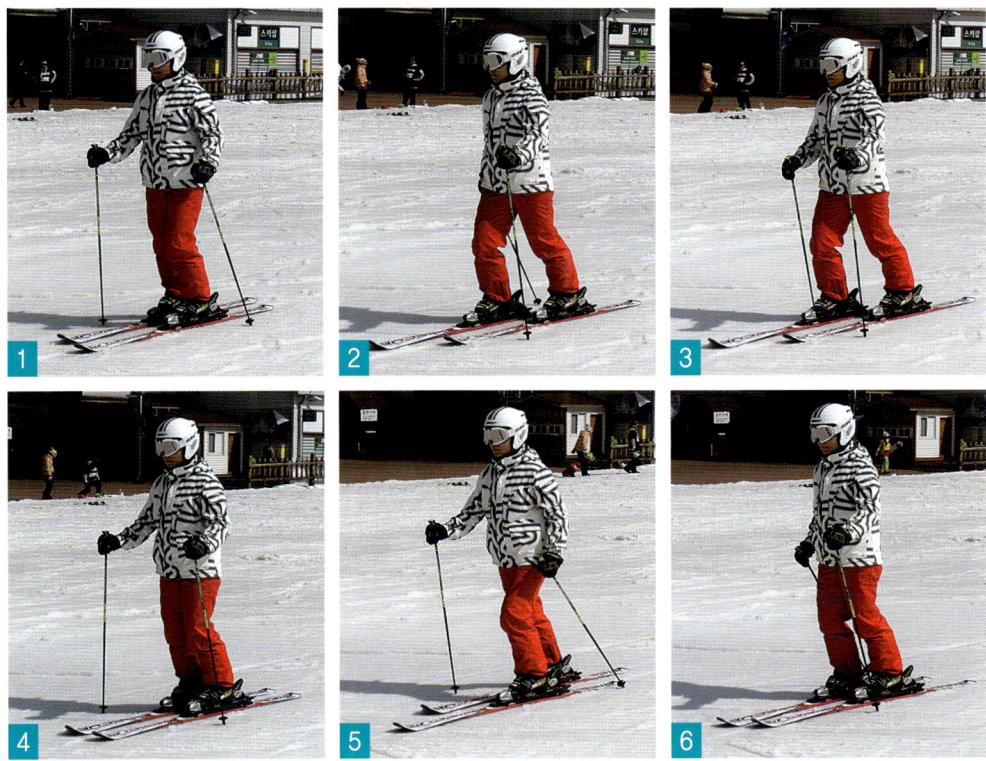

스톡 찌르기와 스키의 미끄러짐에 주의를 기울인다

우선 스톡으로 확실하게 설면을 찌르도록 한다. 스키를 들어올리면 균형을 잃기 쉬우며 생각대로 앞으로 가지 않는다. 들어올리는 것보다 스키를 앞으로 미끄러뜨리자. 스톡을 사용하여 앞으로 내딛는 것이 포인트이다.

Step 4. 사면 오르기/개단등행

자신의 힘으로 사면을 오르는 방법 가운데 가장 기본적인 것이 바로 이 개단등행이다. 개단등행이란 사면에 대해서 직각으로 옆을 바라보며 올라가는 방법이다. 간단한 것 같지만 스키를 신고 갑자기 해 보면 스키가 겹치게 되거나 에지를 세우지 못할 수도 있다. 우선 부츠만 신은 상태에서 해보자. 능숙해지면 이번에는 스키를 한쪽씩 신고 해

우선 부츠로

보폭이 너무 넓으면 에지가 잘 서지 않는다. 자신에게 맞는 보폭을 찾으면서 도전해 보자.

본다. 스키동작에서 중요한 각을 세우는 느낌도 알 수 있기 때문에 확실하게 연습해 두어야 한다. 스키의 에지를 세우는 느낌을 익히면 어렵지 않을 것이다.

한쪽 발에 스키를 신고 사면오르기

자신에게 맞는 보폭을 찾았다면 이번에는 스키를 한쪽씩 신자. 중요한 것은 스키를 신은 쪽 발로 스키의 각, 즉 에지를 느끼는 것이다.

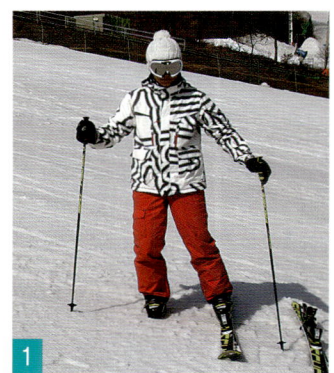

1 골짜기쪽 스키를 신는다.

2 산쪽 스키를 신는다.

보폭이 너무 크지 않도록 주의한다.

양발에 스키를 신고 사면 오르기

양발에 스키를 신으면 보폭은 자연스럽게 좁아진다. 양쪽 스키의 에지를 정확히 세우자!

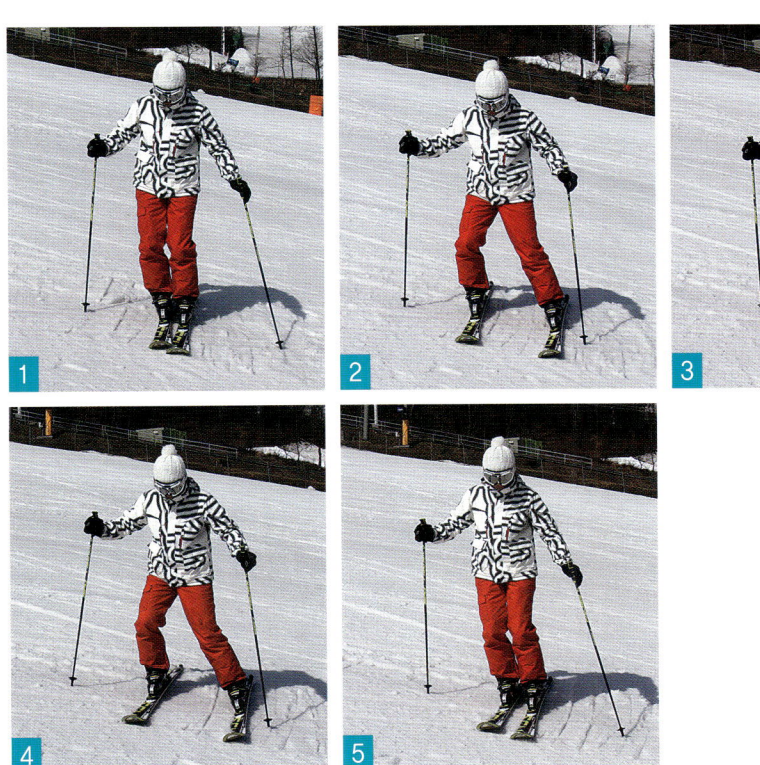

Step 5. 사면 오르기/개각등행

　인에지(in-edge)를 의식해서 역八자모양으로 사면을 올라가보자. 개단등행보다 빠르다. 포인트는 스톡의 찌르기이다.

　개단등행 이외에 스탠스를 역 八자 모양으로 해서 사면을 올라가는 방법을 설명한다. 급사면에서는 사용할 수 없지만 익혀두면 리프트 탑승장이나 짧은 오르막길에서 요긴하게 사용할 수 있다. 의식해야할 것은 인에지(안쪽 각)와 스톡이다. 스톡은 몸 뒤편을 정확히 찔러서 몸을 지탱하자. 우선 한쪽 발만 스키를 신고 감각을 익히는 것이 좋다. 양 발에 스키를 신었을 때는 스키의 테일(tail, 뒷부분)이 겹치지 않도록 주의하자.

한쪽 발에 스키를 신는다

우선 한쪽 발만 스키를 신고 연습한다. 스키의 인에지를 세우는 것과 스톡으로 몸을 지탱하는 것을 확인하자. 스톡은 몸보다 뒤쪽에 둔다.

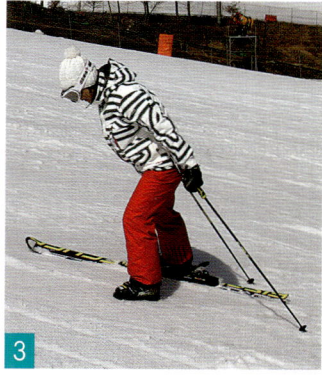

Chapter 2. 스키 첫발 내딛기 · **49**

양발에 스키를 신는다

에지를 세워서 스키가 멈추는 감각을 익히면 역 八자모양으로 오르기도 간단하다. 스톡을 잊지 말고 사용하자. 반대편 스키를 밟지 않도록 주의한다.

▎서 본 모습

▎서 본 모습

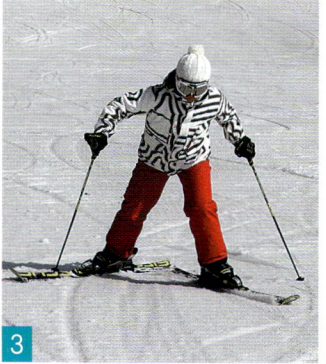

Step 6. 스톡을 이용하여 전진하기

평평한 장소를 스톡으로 저어서 앞으로 나아가보자. 이 동작이 능숙해지면 사면에 섰을 때에도 균형을 잡기 쉽다.

확실하게 스톡을 누르며 최대한 장거리로

스톡을 확실히 누른다. 스트로크를 길게 하여 1회에 가능한 한 긴 거리를 이동하도록 연습해보자. 올바른 포지션이 익혀질 것이다.

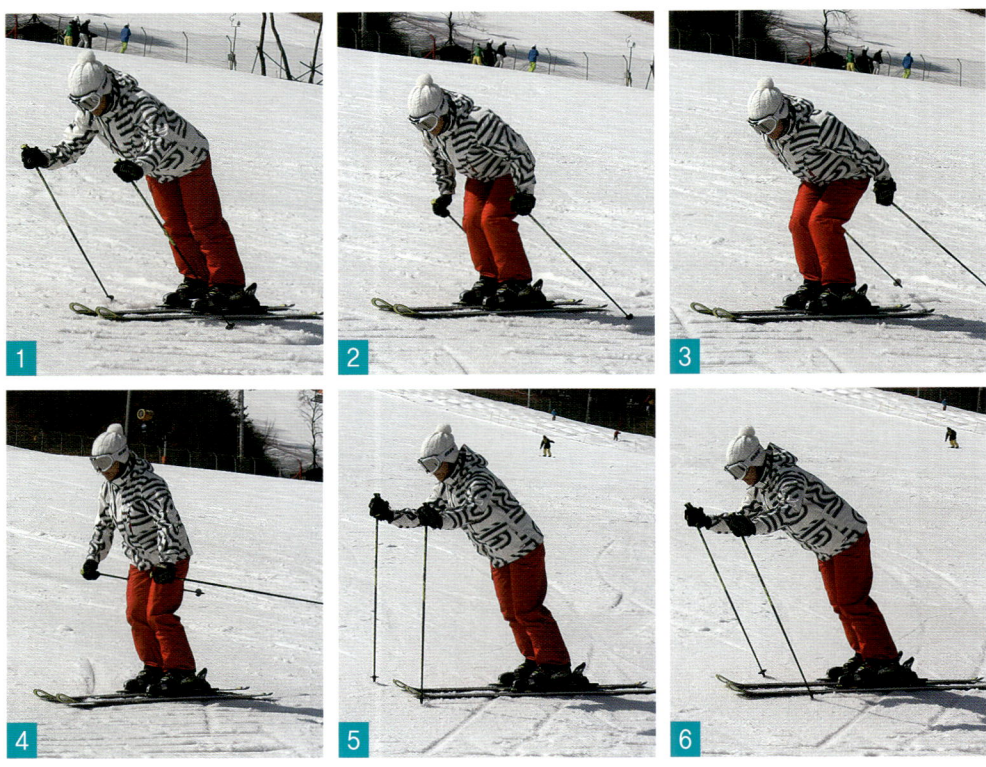

평평한 곳에서 스톡을 사용하여 앞으로 나아가는 동작을 연습해보자. 평평한 곳이라도 스키가 미끄러지기 시작하면 전후의 균형을 잡는 것이 의외로 어렵다는 사실을 느끼게 될 것이다. 이 전후의 균형을 평평한 곳에서 익히면 사면에 섰을 때, 이 연습을 통해 익힌 경험이 큰 도움이 되기 때문에 열심히 익히기 바란다. 여성 및 팔힘이 약한 사람은 약간 경사진 곳에서 시도하면 감각을 익힐 수 있을 것이다. 스키를 활주시키는 느낌을 익히면 사면에서 활강하는 것도 간단해진다.

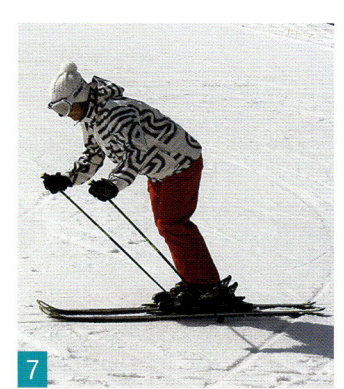

7

8

9

Step 7. 웅크렸다가 점프하기

　스톡을 사용하여 앞으로 나아가는 동작에 익숙해지면 활주하면서 포지션을 변화시켜보자. 점프가 가능해지면 완벽하다.

　평평한 곳에서 스키를 신고 앞으로 나아가는 동작에 익숙해지면 이번에는 스키가 활주하고 있는 도중에 웅크리거나 점프하는 등의 동작을 취해보자. 이러한 움직임이 가능

웅크린다

활주하고 있는 스키 위에서 웅크린 자세를 취해본다. 발목을 정확히 구부리지 않으면 무게중심이 뒤로 쏠려서 일어날 수 없다.

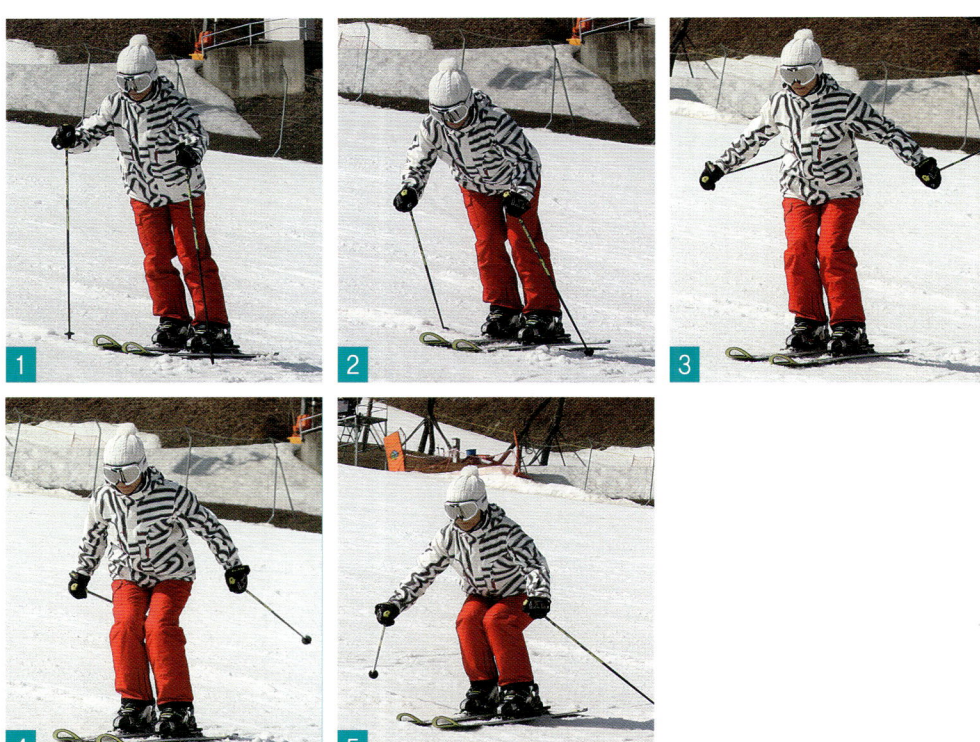

해진다는 것은 활주하고 있는 스키 위에서 정확히 균형을 잡고 있다는 증거이다. 스톡으로 저어서 미끄러지기 시작하면 먼저 웅크려보자. 웅크렸을 때에 무게중심이 뒤로 쏠려 있을 경우, 즉 후경(後傾)자세가 되어 있다면 제대로 일어날 수 없다.

활주하고 있는 스키 위에서 점프가 가능하다면 포지션이 안정되어 있다는 증거이다. 이제 슬로프에서도 탈 수 있다!

점프

평평한 곳에서 활주하면서 점프가 가능해지면 슬로프에 데뷔해도 당황하는 일은 없을 것이다. 활주하는 스키 위에서 균형을 잡을 수 있다는 증거이다.

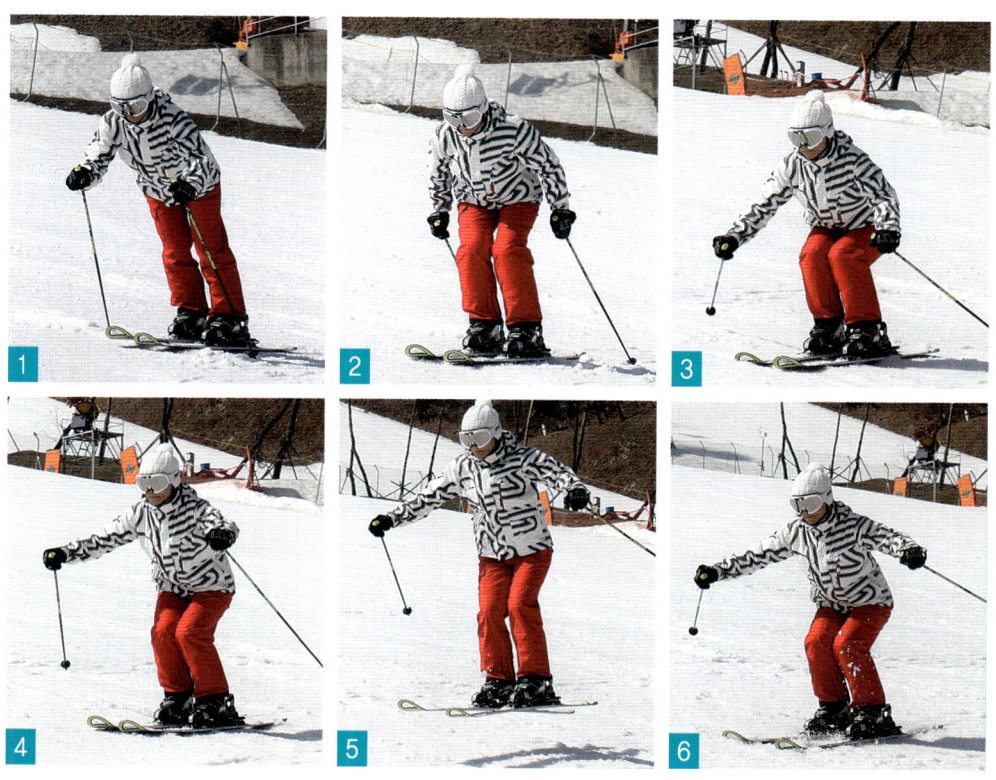

Step 8. 발 벌려 정지하기

슬로프에서는 미끄러지기 시작하면 멈추지 않는다. 평평한 곳에서 멈추는 연습부터 해보자.

자, 염원하던 슬로프 데뷔까지 얼마 남지 않았다. 아무리 빨리 달릴 수 있는 자동차라도 브레이크가 없으면 위험하지 않은가? 스키도 마찬가지이다. 그래서 우선 평평한

양발을 벌린다

처음에는 천천히. 자신이 확실히 멈출 수 있는 스피드를 파악하는 것이 중요하다. 멈출 수 없다면 속도를 내서는 안 된다.

Chapter 2. 스키 첫발 내딛기 · 55

곳에서 확실히 스피드를 늦추는 움직임과 멈추는 연습을 해 두자. 처음에는 느린 속도도 상관없으니 스톡을 젓기 시작해서 스키의 테일을 벌리고 마지막으로는 스탠스를 팔 (八)자 모양으로 취해서 멈춰 보자. 이 연습은 스키의 에지와 설면의 저항을 느끼기 위해서도 중요하다. 에지와 설면의 저항을 자유롭게 제어할 수 있게 되는 것이 스키실력 향상의 모든 것이다.

한쪽 발만 벌린다

양발을 벌리는 움직임에 익숙해졌다면 이번에는 한쪽 발만 벌려보자. 그러면 스키는 턴을 하게 된다.

Step 9. 옆으로 정지하기

사면에 대해서 스키가 옆을 향하면 스키는 멈춘다. 스키를 옆으로 향하게 하는 연습을 해보자.

스키가 미끄러지는 감각과 설면의 저항을 느낄 수 있게 되었다면 이번에는 스키를 가지런히 모은 채 옆을 보는 움직임에 도전하자. 사면에서는 스키를 옆으로 향하게 하면

몸과 스키를 함께 옆으로 향하게 하며 정지

step 8을 통해 발을 八자로 벌릴 수 있게 되었다면 간단하다. 발을 벌리는 요령으로 몸도 함께 돌려버리면 간단히 스키가 옆을 향한다. 바깥쪽 다리의 '꺾는' 감각을 익히면 완벽하다.

언제든지 멈출 수 있다. '올바른 방법은?'이라고 생각하기 전에 일단 '스키를 옆으로 향하게 한다!'는 것만을 의식하자. 스키를 '꺾는다' 내지 '휘두른다'라는 동작의 기본이 여기에 있다. 요령은 발목이 정확히 구부러져 있지 않으면 불가능하다는 것이다. 스피드는 천천히.

점프하여 옆을 보고 정지

step 2의 방향전환방법과 거의 동일한 요령이다. 느린 속도에서 점프하여 옆을 본다.

Step 10. 스케이팅하기

역八자 모양으로 사면을 오르는 것처럼 스키를 벌리면서 앞으로 나아가는 스케이팅. 이로써 이동도 편해진다!

스키를 신고 앞으로 나아가는 동작과, 앞으로 나아가는 스키 위에서 정확히 균형을 잡는 연습을 한다. 이 중요한 두 가지 트레이닝도 겸비하고 있는 '스케이팅'에 도전해 보자. 이를 익히면 평평한 곳에서 이동이 빨라지고 편해진다.

얼음 위를 미끄러지는 스케이트와 요령은 같다. 발을 역八자모양으로 벌리고 뒷다리로 찬다. 능숙히 스케이팅하기 위한 포인트는 스톡 사용방법에 있다. 양쪽 스톡을 이용하여 몸을 앞으로 밀면서 스키에 몸을 싣자.

지지하는 쪽 발목을 구부려 스키에 체중을 싣는다.

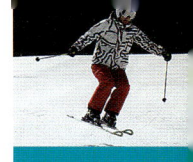

스케이팅의 핵심

스톡을 저으면서 좌우 스키를 교대로 벌리면서 이동한다. 스키를 미끄러뜨리려면 적극적으로 몸을 앞으로 내밀고 발로 찬 스키 위에 무게중심이 오도록 체중을 실어야 한다.

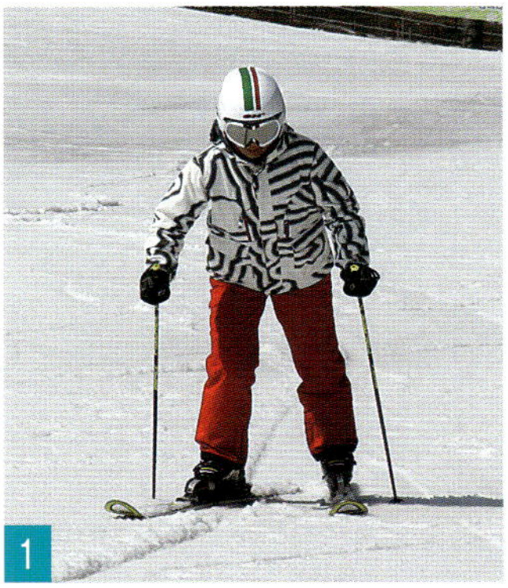
1

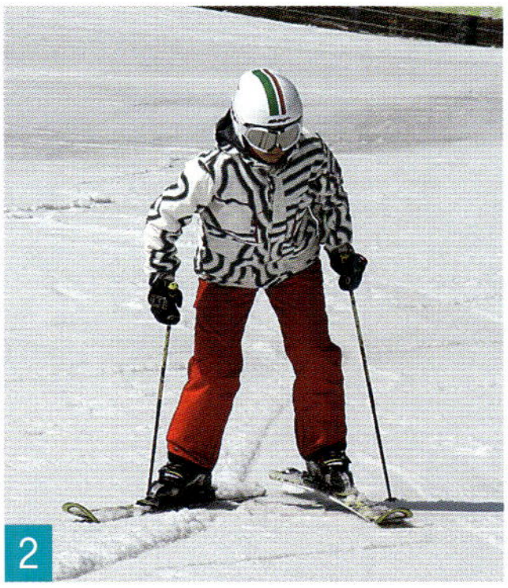
2

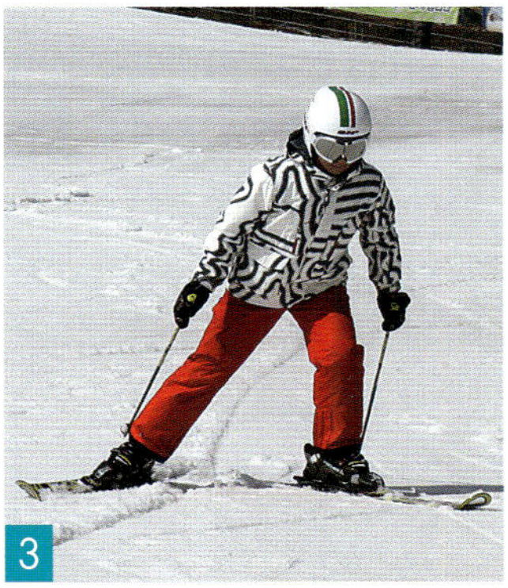
3

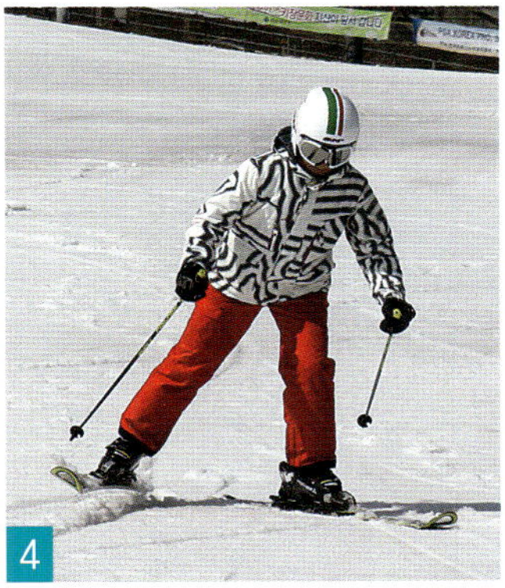
4

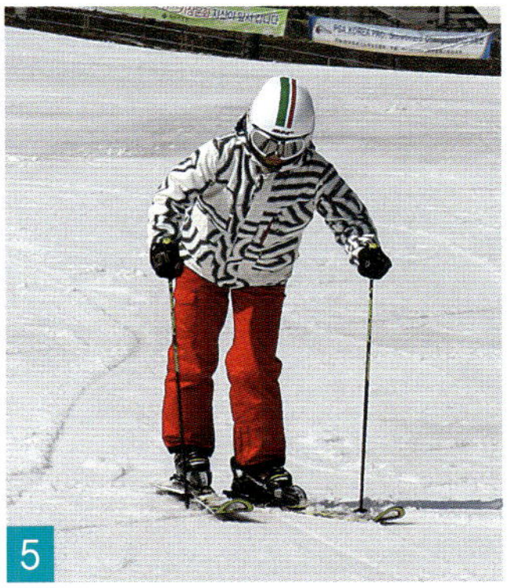
5

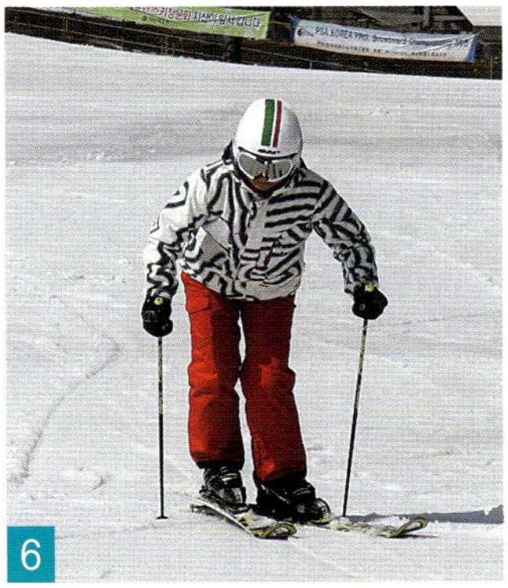
6

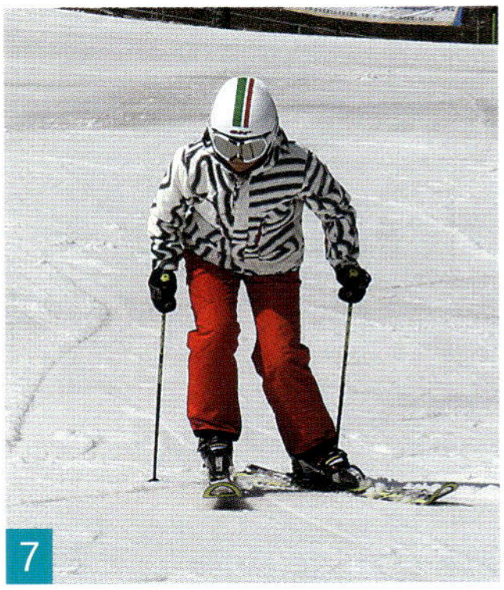
7

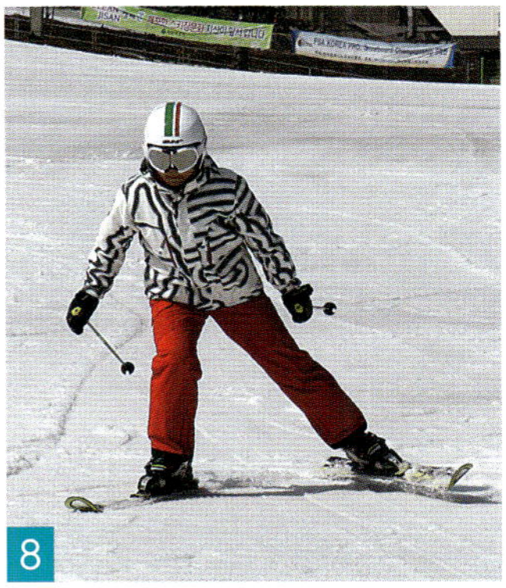
8

Step 11. 여러 가지 스케이팅

여기에서는 스케이팅의 종류를 알아본다. 가능해지면 평평한 곳에서 편하게 이동할 수 있다.

자, 스케이팅을 통해 평평한 곳에서도 스키의 활주 내지 가속이 가능해지면 스케이팅의 다양한 종류에 도전해 보자. 스키 실력을 향상시키는 데에 가장 중요한 요소는 양쪽 스키를 얼마나 자유롭게 다루는가이다. 단순한 스케이팅이라고 생각하지 말라. 스케이팅에는 양쪽 스키를 따로 사용한다는 복잡한 요소가 숨어 있어서 움직임을 조금 바꾸는 것만으로도 다양한 트레이닝 효과가 있다. 즉 평평한 곳에서의 이동수단에도 스키 실력향상에 필요한 중요한 비밀이 숨겨져 있다는 것이다.

이동수단에 불과하다는 생각을 버리고 즐기면서 다양한 움직임에 도전해보자.

한쪽 스키가 직선으로 진행하는 스케이팅

한쪽 스키는 직선으로 앞으로 나아가도록 하는 스케이팅이다. 사실 이 움직임은 급사면에서 가로이동(트래버스)을 할 때 매우 유효하다. 스키가 흐트러지지 않도록 주의하자!

스케이팅으로 턴

스케이팅에 익숙해지면 스케이팅의 턴은 별로 어렵지 않다. S자, 팔자, 좌우 등 자유롭게 방향을 바꿔보자. 스톡을 제대로 사용하는 것도 잊지 말자.

　누군가가 "실력향상을 위해서 가장 중요한 것은 무엇입니까?"라고 묻는다면 "자신에게 관대해지는 것입니다."라고 대답할 것이다. 자신에게 관대해진다는 것은 무엇인가? 답은 간단하다. 스키가 즐겁다고 생각하는 것이다. 그리고 '뭔가 조금 부족하다'라고 느끼는 것이다. 즐겁지 않다면 더이상 하고 싶겠는가?

　약간 부족하다고 느끼는 수준의 장소에서 연습하는 것이 좋다. 예를 들어 슬로프의 경사도. '이 정도 사면쯤이야 간단하지'라는 생각이 든다면 새로운 기술에 도전할 수 있겠지만 자신의 기량 이상으로 급한 사면일 경우 스피드를 제어하거나 사면을 내려가는 데에만 집중하게 되어 정작 익혀야 할 새로운 기술의 연습이 불가능해 진다. 그리고 막상 실력이 향상되면 자연스럽게 '저 사면에서 타보고 싶다'라는 생각이 들 때가 오는 법이다.

Chapter 3

슬로프에 익숙해지기

평평한 곳에서 스키를 타는 느낌에 익숙해졌다면 이제 슬로프(slope)에 나가 보자. 사면을 활강하는 감각은 평평한 곳에서 활주하는 것과는 전혀 다르다. 활주하기 시작하면 스스로 젓지 않아도 되기 때문이다.

그러나 사면을 활강하기 시작하면 지금까지와는 다른 트러블도 기다리고 있다. 그러므로 '이게 사면인가' 싶을 정도의 느낌이 드는 수준의 완만한 장소를 선택하자. 처음에는 천천히 사면을 활강하는 감각을 체감하자. 시시한 사면이라도 활강하는 느낌은 매우 좋다.

Step 1. 리프트 타고 내리기

평지에서 스키가 미끄러지는 감각에 익숙해졌다면 리프트(lift)를 타고 슬로프에 나가 보자. 중요한 것은 '당황하지 않는 것'이다.

긴장되는 순간이다. 그렇다. 초보자에게는 능숙하게 리프트 타고내리기조차 매우 큰 일일 것이다. 하지만 몇 가지 포인트를 확실히 익혀두면 스마트하게 해낼 수 있으니까

리프트 타기

신호를 받고 탑승위치까지 나아간 뒤에 스톡을 한 손으로 쥐고 반대 손으로 리프트를 멈추듯 받을 준비를 하자. 리프트가 직접 다리에 부딪히면 아프고 그 충격으로 인해 균형을 잃기 쉽다. 리프트를 멈추듯 손으로 받는 동작을 여성과 탑승할 때에 실행하면 '친절한 사람'이라는 인식도 심어줄 수 있을 것이다.

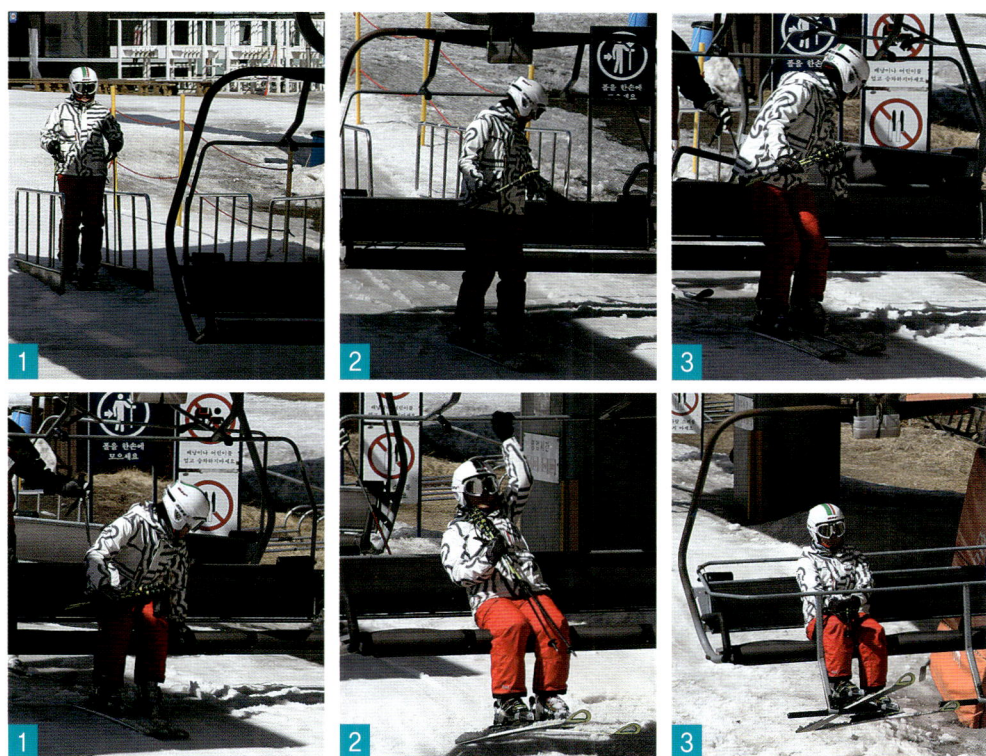

걱정하지 말자.

포인트는 바로 타는 위치이다. 혼자 탈 경우에는 리프트의 한가운데에 타고 타인과 탈 때에는 가능하면 바깥쪽에 탑승하자. 그러면 리프트 내리는 곳에서 넘어지더라도 바깥쪽에 탔다면 리프트에 부딪히거나 주변에 폐를 끼칠 일도 적어질 것이다.

이후로는 탑승 직전에 '리프트를 멈추 듯 받는다', 내리기 직전에 '리프트를 밀어낸다' 와 같이 손을 능숙하게 사용하면 리프트 타고내리기는 어렵지 않다.

불안할 때에는 부끄러워하지 말고 리프트 타는 곳에 있는 근무원에게 '초보자입니다' 라고 말하면 도와줄 것이다.

리프트 탑승 중 스톡의 위치
리프트 위에서는 지갑을 열거나 핸드폰을 만지작 거리지 않는 것이 좋다. 그러나 지갑을 열거나 핸드폰을 사용해야할 상황이라면 스톡을 허벅지 아래에 끼어 양손을 자유로운 상태로 만든다.

리프트 내리기

내리는 곳과 가까워지면 스키의 탑을 조금 들어올려서 내릴 준비를 한다. 내리는 곳에서는 스톡을 쥔 손의 반대 손으로 리프트를 밀면서 일어선다.

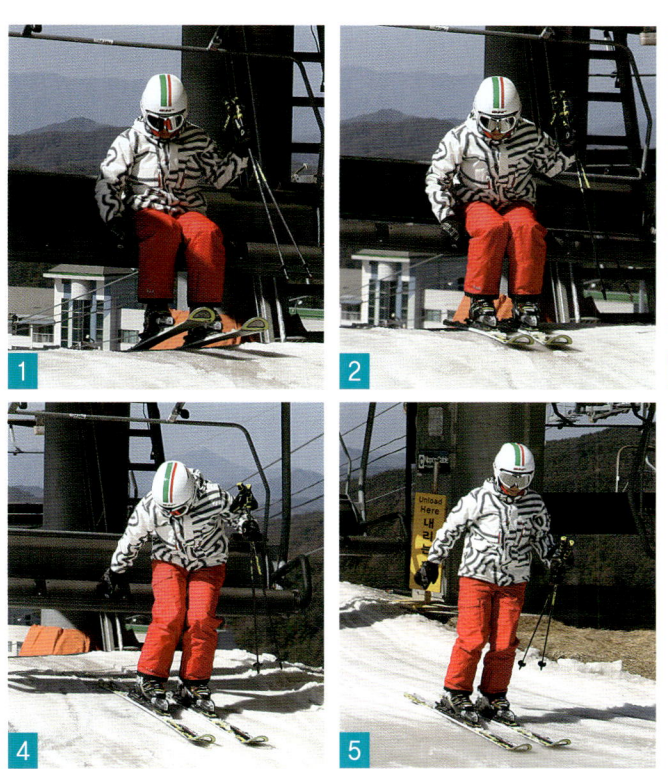

Step 2. 스키의 기본자세와 움직임을 상상해보자

활강하기 전에 움직임을 최종확인한다. 포인트는 발목을 확실히 구부리고 스키를 움직이는 것이다.

리프트에서 내리면 드디어 슬로프에 데뷔하게 된다. 그 전에 스키를 벗고 최종확인을 한다. 발을 가지런히 모으고 활강하기, 八자 모양으로 활강하기는 스키 위에서 취하는 포지션임에는 다를 바 없다. 처음에는 자신도 모르는 사이에 포지션이 뒤쪽으로 쏠리기 마련이다. 사면 아래를 향하여 움직이고 있는 스키 위에 서 있으려면 발목의 움직임이 포인트이다. 발목이 늘어져 버리면 자세가 높아져서 몸이 뒤쪽으로 밀리기 마련이다. 발목의 구부림 정도를 확실히 확인하자.

다음은 스키를 신고 확인한다. 기본은 스키와 몸이 항상 같은 방향을 향하고 있어야 한다는 것이다. 기준은 八자모양을 하여 스키의 탑이 항상 모여 있어야 한다. 한쪽 발만 스키를 신고 탑이 한 데 모이도록 바깥다리를 움직이는 상상을 해보자.

발목을 움직이는 연습
초보자뿐만 아니라 많은 사람들이 고생하는 것이 발목 구부리기 동작이다. 부츠 앞쪽으로 몸이 기울어질 정도로 발목을 움직여보자.

스탠스가 달라도 포지션은 같다

발목을 능숙히 사용하면 발을 가지런히 모으거나 八자모양을 취하여도 포지션이 동일해진다. 조정은 그리 어렵지 않다.

푸르그 스탠스(pflug stance)

패러렐 스탠스(parallel stance)

스키의 탑은 동일한 위치로

八자모양으로 활강할 때에 주의할 점은 탑의 위치관계이다. 좌우의 위치가 어긋나 있다면 몸이 비틀어져 있다는 증거이다. 동일한 위치를 유지하자.

바깥쪽 발을 움직이는 상상을 해보자

턴은 자동차가 회전할 때처럼 바깥쪽 스키가 많이 움직여야 한다. 이 구조를 이해하자.

1

2

3

가능한 한 엣지를 세우지 않는다

스키의 엣지를 세우면 생각대로 스키가 움직이지 않게 되므로 주의. 양쪽 스키의 바로 위를 의식하자.

Step 3. 넘어지기, 일어나기

"스키는 넘어지면서 익힌다."라고 말하는 사람도 있듯이, 올바르게 넘어지는 방법을 익혀두지 않으면 부상을 입을 수도 있다.

과속이 되거나 균형을 잃으면 반드시 넘어진다. 이때에 주의해야할 점은 사면의 위(산쪽)를 향해 몸을 던지듯이 넘어지는 것이다. 사면의 아래쪽(골짜기쪽)으로 넘어지면 낙차로 인해 몸도 아프고, 스키웨어가 미끄러지기 쉬워 멈추기도 힘들다. 그러므로 "넘어질 때에는 산쪽으로!"를 염두에 두자. 하지만 막상 넘어질 때 이런 생각마저 할 수 없는 경우도 있으며, 익숙하지 않으면 스키가 꼬여 일어날 때 고생한다. 몸이 골짜기쪽으로 넘어지면 스키를 들어올려 방향을 전환한다. 일어날 때에는 스톡을 사용해서 일어나면 편하다. 중요한 것은 당황하지 말고 초조해하지 않는 것이다. 넘어지는 연습도 의외로 즐겁다.

넘어지는 방법

넘어질 때에는 몸을 산쪽으로 한다. 이렇게 넘어지면 부상을 피할 수 있으며 일어나기도 쉽다. 머리가 골짜기쪽을 향하면 일어날 때 고생한다.

골짜기쪽으로 넘어졌을 때

몸이 골짜기쪽으로 넘어지면 스키를 들어올려서 방향을 전환하여 머리가 산쪽을 향하도록 하자. 넘어져도 초조해하지 말자.

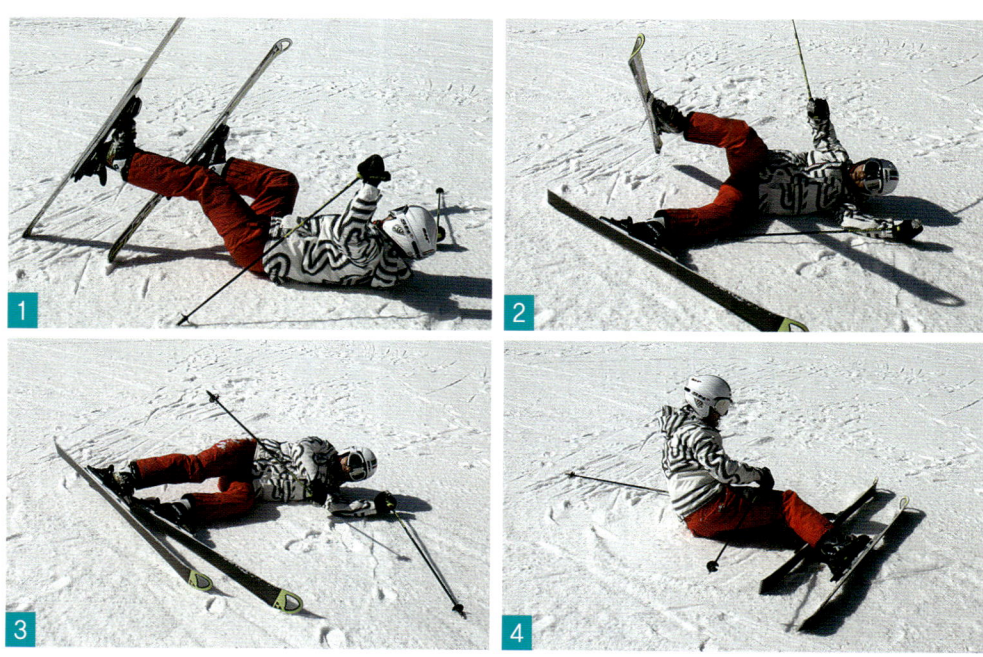

Chapter 3. 슬로프에 익숙해지기 · 73

일어나는 방법

일어날 때에는 스톡을 활용하자. 스톡으로 엉덩이 부근의 설면을 찔러 지탱하면서 일어나면 편하다. 스키는 사면에 대해서 확실히 옆을 향하도록 두는 것도 중요하다.

손만으로 일어나려고 하면 피곤하다

슬로프에 있는 초보자를 보면 스톡을 사용하지 못하거나 사용하지 않는 사람이 많다. 넘어졌다가 일어날 때에도 스톡을 사용할 수 있다면 더욱 편하게 일어날 수 있다.

Step 4. 위험한 넘어지기

엉덩이로 넘어지기는 스키가 멈추지도 않고, 스피드가 줄지도 않는 제일 나쁜 넘어지는 방법이다. 이렇게 넘어졌을 때 탈출할 수 있는 방법은 다음과 같다.

과속으로 인해 제어불능이 된 상황에서 많이 보이는 현상이 바로 이처럼 넘어지는 것이다. 양쪽 스키 사이에 엉덩이를 둔 모습으로 넘어지면 멈추지도 않을 뿐만 아니라 더욱 가속되는 등 매우 위험하다. 이 경우에는 일어나기도 어렵다. 이때 조금 용기를 내어서 몸을 비틀어보자. 스키 사이에서 엉덩이를 꺼내고 사면에 몸을 던지면 멈출 수 있다. 막상 이러한 상황에 직면하면 이런 방법을 좀처럼 상기하기 쉽지 않으며 몸도 움직이지 않는다. 하지만 '몸을 비튼다'는 것이 애당초 머리에 입력되어 있는 경우와 그렇지 않은 경우는 매우 큰 차이가 있다. 타인과 부딪히거나 코스아웃하여 나무와 충돌하여 부상을 입었다면 스키가 재미없어질 것이다. 초보자일수록 발생하기 쉬운 이러한 넘어짐에 부디 주의하자.

양쪽 스키 사이에 엉덩이가 있으면 멈추지 않는다

초보자들이 한 번쯤은 경험하는 것이 바로 이처럼 넘어지는 것이다. 제어불능이 되어 멈출 수 없게 된 순간이라도 몸을 비트는 탈출방법을 잊지 말자.

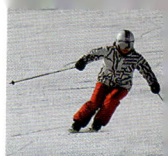

멈추지 않을 때에는 옆을 보자

멈추지 않을 때에는 옆을 본다는 생각을 머리에 넣어 두자. 몸을 비틀 때에는 손을 사용하면 간단하다. 몸을 비틀어서 몸이 옆을 향하게 되었다면 이제 자연스럽게 멈추는 것을 기다리면 된다.

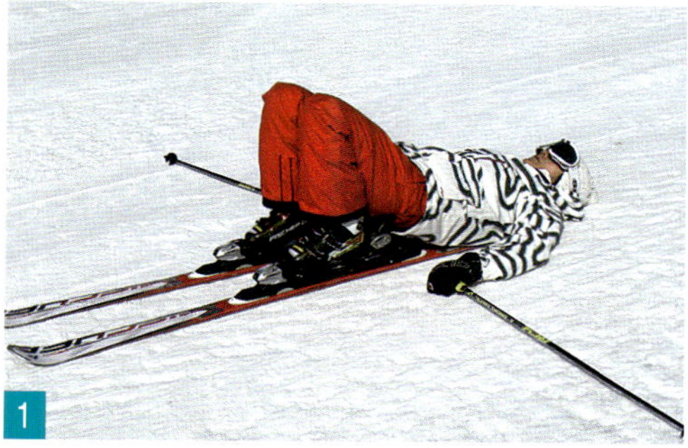

1

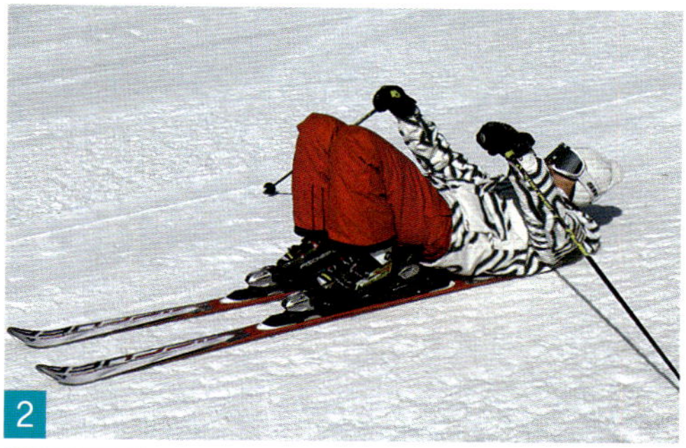

2

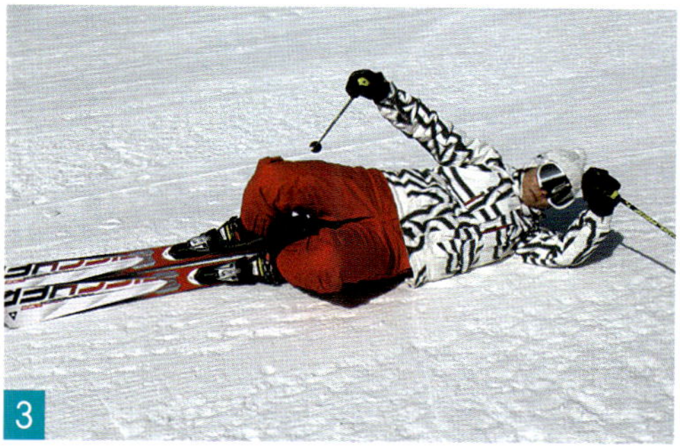

3

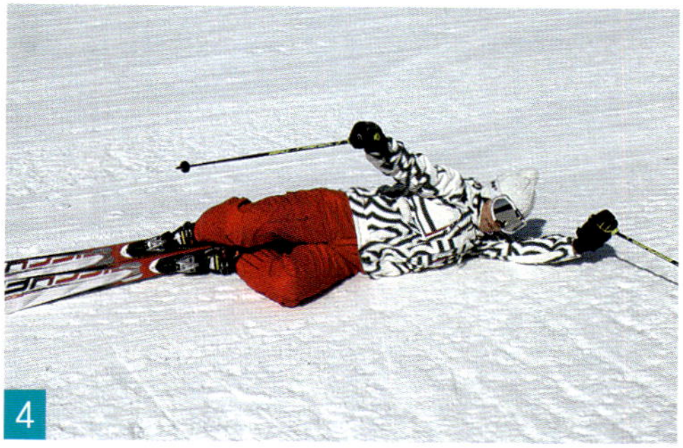

4

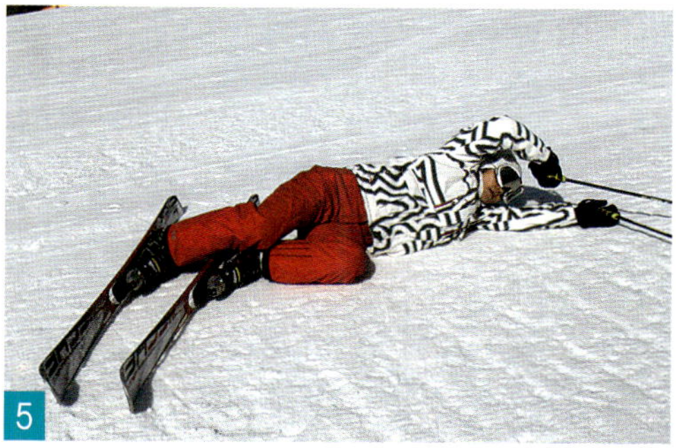

5

Step 5. 사면에서 스키 신기

　넘어져서 스키가 벗겨지는 경우도 있다. 사면에서 스키 신기는 조금 어렵지만, 당황하지 않는 것이 중요하다.

　넘어졌을 때 스키가 벗겨지는 경우가 있다. 왜냐하면 몸에 상해를 줄 정도의 부하가 가해질 때에는 바인딩이 풀어지도록 설계되어 있기 때문이다. 그런데 이렇게 넘어졌다면 먼저 자신의 몸이 괜찮은지 확인하자. 어딘가 아픈 곳이 있거나 움직일 수 없을 때에는 '응급요원을 불러주세요'라고 주위 사람에게 말한다. 몸이 괜찮다면 가능한 한 넘어진 곳이 아니라 슬로프의 구석으로 가서 스키를 신는다.

　사면에서 벗겨진 스키를 신을 때에는 약간의 요령이 필요하다. 우선 벗겨진 스키를 자신보다 산쪽에 두자. 그리고 스키를 평평하게 놓고 움직이지 않도록 한 뒤 세트하자. 가장 중요한 것은 천천히, 그리고 당황하지 않는 것이다.

스키가 움직이지 않도록 놓는다

스키는 자신보다 산쪽에 두자. 그리고 산쪽의 에지가 설면을 찌르듯 하여 사면에 확실히 고정시킨다. 사면과 평행하게 스키를 놓고 신으려면 미끄러지기 쉬우므로 주의하자.

스키를 산쪽에 놓고 신으면 된다

사면에서는 자신보다 낮은 위치에 있는 스키를 신는 것은 의외로 어렵다. 스키는 산쪽에 놓고 신자. 산쪽에 있는 발에 스키를 세트한 다음, 다른 쪽 스키를 다시 산쪽에 두고 세트하면 간단하다. 급할수록 돌아가는 법이다.

Step 6. 스타트 준비(방향전환)

활강하기 전에 확실하게 포지션을 만들자. 모든 일은 시작이 중요하다. 초조해하지 말고 침착하게 실시하자.

활강할 자신이 없는 초보자라면 활강 전에 확실한 포지션을 만든 다음 스타트하자. 여기서도 중요한 것이 스톡이다. 스톡으로 몸앞의 설면을 확실히 찔러서 스키가 멋대로 미끄러지지 않도록 몸을 지탱하자. 발힘만으로 스키를 멈추려고 하면 몸이 뒤쪽으로 쏠리는 포지션이 되어서 그대로 활강을 시작해도 올바른 포지션으로 되돌리기가 어려워진다. 그러니까 초조해하지 말고 천천히 시간을 들여도 괜찮으니 스톡으로 지탱하면서 방향을 바꾸자. 그리고 활강하기 전에 발의 감각 및 포지션을 확인하고 스타트하자. 급한 사면에서는 무리하게 바로 아래(폴라인, fall line)를 향하지 말고 자세를 대각선으로 취하는 것도 좋다.

활강 전의 자세
완만한 사면에서는 정면을 응시하고, 급사면에서는 사면을 바라본다.

스타트전에 방향을 전환하는 방법

스타트 준비단계에서 방향을 바꿀 때에는 우선 스톡으로 골짜기쪽의 설면을 확실히 찌르자. 양쪽 스톡으로 몸을 지탱하면서 스키가 골짜기쪽으로 향하도록 하여 八자 스탠스를 만든다.

Step 7. 푸르그 스탠스에서 직활강하여 1번 턴하기

활강 스피드는 일단 느리게 한다. 여기에서 중요한 것은 스키가 미끄러지는 감각을 확실히 느끼는 것이다.

자, 이제 사면에서 활강해보자. 하지만 혹시 지금 활강하려고 하는 사면의 경사도가 너무 급하지는 않은가?

처음으로 활강할 때에는 '이런 사면에서는 스톡으로 젓지 않으면 멈춰버릴거야'라는 수준의 사면에서 시작하자. 능숙해지기 전까지는 일단 다소 낮은 수준의 슬로프를 선택하는 것이 좋다. 가장 중요한 것은 코스 아래까지 활강한다는 달성감보다도 스키가 미끄러진다는 감각을 확실히 익히는 것이다. 왜냐하면 그 감각을 익혀야 다양한 사면을 활강할 수 있게 되기 때문이다. 먼저 확실히 八자모양을 유지하는 것이 목표다. 이러한 동작이 가능해지면 꺾기와 턴도 어렵지 않다. 스피드는 일단 느리게 한다. 처음에는 뭐든지 부족한 정도가 적당하다.

직활강(푸르그 스탠스)

처음에는 八자모양을 유지한 채 직선으로 천천히 활강해 보자. 스키의 탑이 흐트러지지 않도록 한다.

한 번 턴하기 (푸르그 스탠스)

八자모양을 유지한 채 활강하는 데 익숙해지면 턴에 도전해 보자. 몸과 바깥쪽 스키(턴의 바깥쪽)를 턴하고자 하는 방향을 향하도록 한다. 꺾기는 생각보다 간단하다.

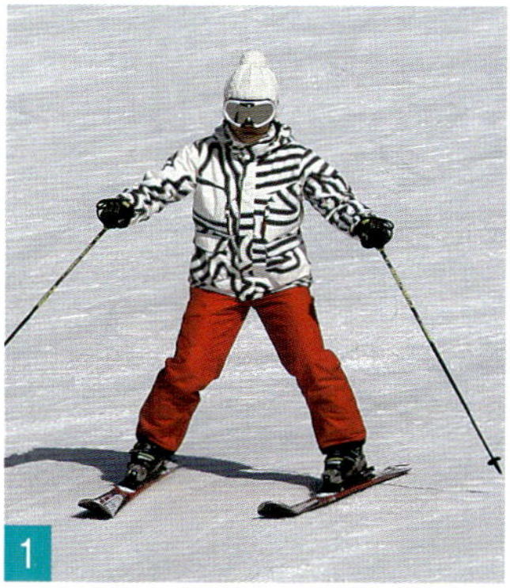

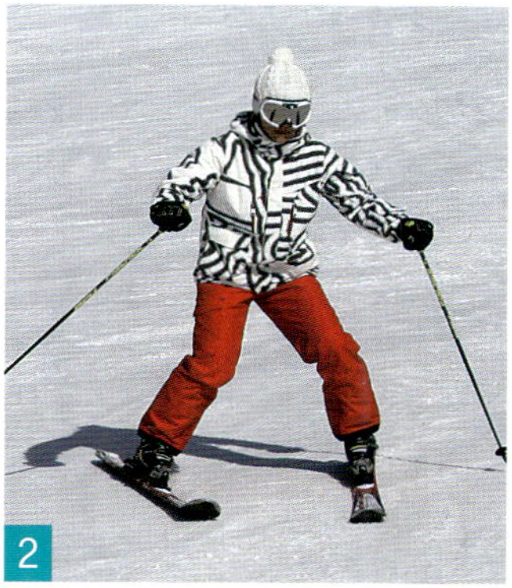

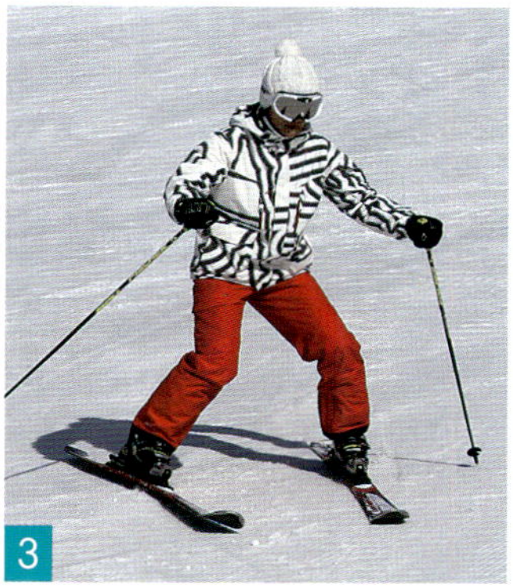

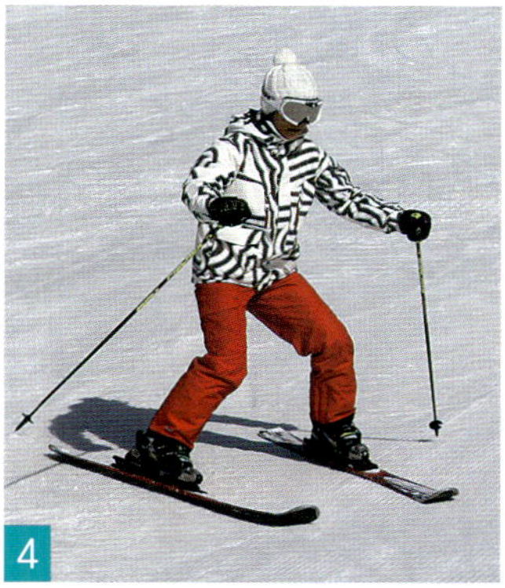

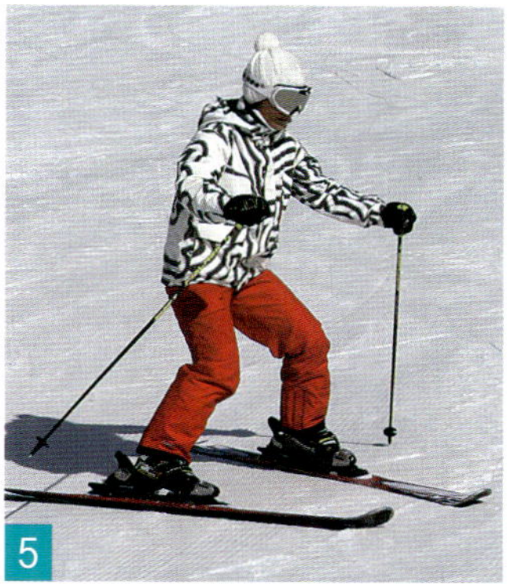

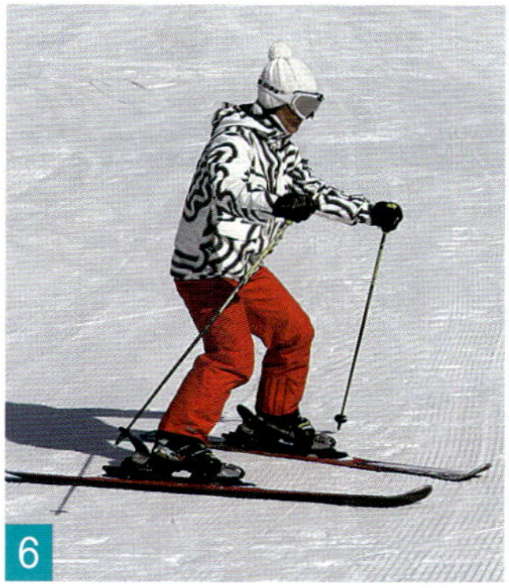

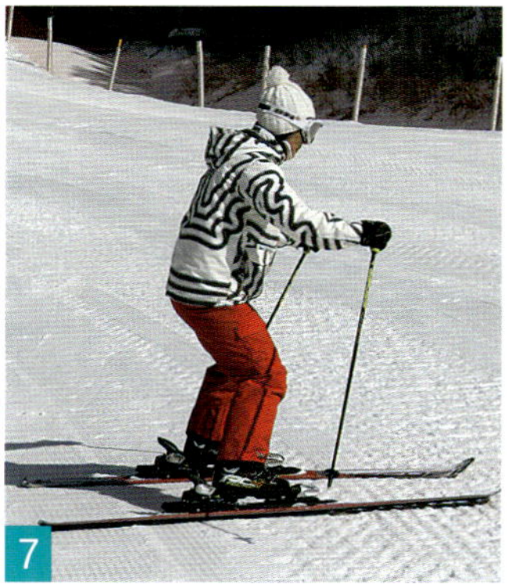

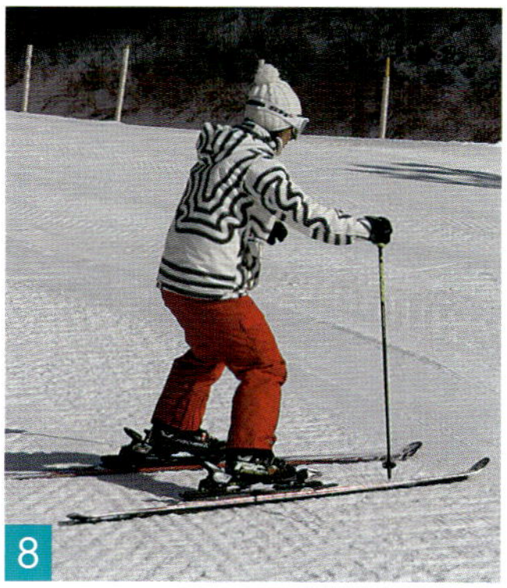

Step 8. 초보자의 푸르그 보겐

팔(八)자모양을 유지하기 위해서는 발의 안쪽 근육을 이용하여 의식적으로 스키의 인엣지(안쪽 각)를 세워야 한다. 팔자모양을 유지할 수 있게 되면 몸의 방향과 바깥쪽 스키의 방향을 꺾고자 하는 방향으로 향하는 것만으로도 턴이 된다. 스톡을 쥐고 있는 손의 방향을 바깥쪽 스키의 움직임에 맞춰간다는 의식을 가지고 턴을 연속시켜보자.

활강 스피드는 팔자모양을 만드는 폭을 넓히거나 좁힘으로써 조절할 수 있다. 그러나 폭을 너무 넓게 하면 몸이 뒤쪽으로 쏠리기 쉬워지며 바깥쪽 스키도 움직이기 어려워진다. 우선 스피드를 내기 어려운 '다소 완만한' 수준의 사면에서 도전해 보자.

푸르그보겐(pflug bogen)

꺾고자 하는 방향으로 바깥쪽 스키의 탑을 움직여서 활강하자. 이때 바깥쪽 손과 발의 동조가 포인트이다. 발의 움직임보다 손의 움직임이 커지지 않도록 주의한다.

Step 9. 패러렐 스탠스에서 푸르그 스탠스로 정지

　S자 모양의 연속 턴이 가능해지면 스키를 가지런히 모아서 활강하는 연습을 시작한다. 스탠스는 어깨너비 정도를 기준으로 한 다음 그 상태로 아래를 향하여 스타트한다. 바깥쪽 스키를 움직여서 八자모양을 취하면서 산쪽 회전하자. 턴 가운데 스키의 방향이 사면의 아래가 아니라 위(정확하게는 옆)를 향해 가는 부분이 산쪽 회전이다. 스키가 확실히 산쪽을 향할 때까지 바깥쪽 스키를 계속 움직이자.

직활강부터 산쪽 회전-패러렐 스탠스(parallel stance)에서 푸르그 스탠스(pflug stance)로
양쪽 다리의 밸런스가 중요하다. 바깥쪽 발을 움직이기 위해서 안쪽 다리를 축으로 하는 것이 포인트이다. 바깥쪽 발을 움직여 八자모양을 만들자.

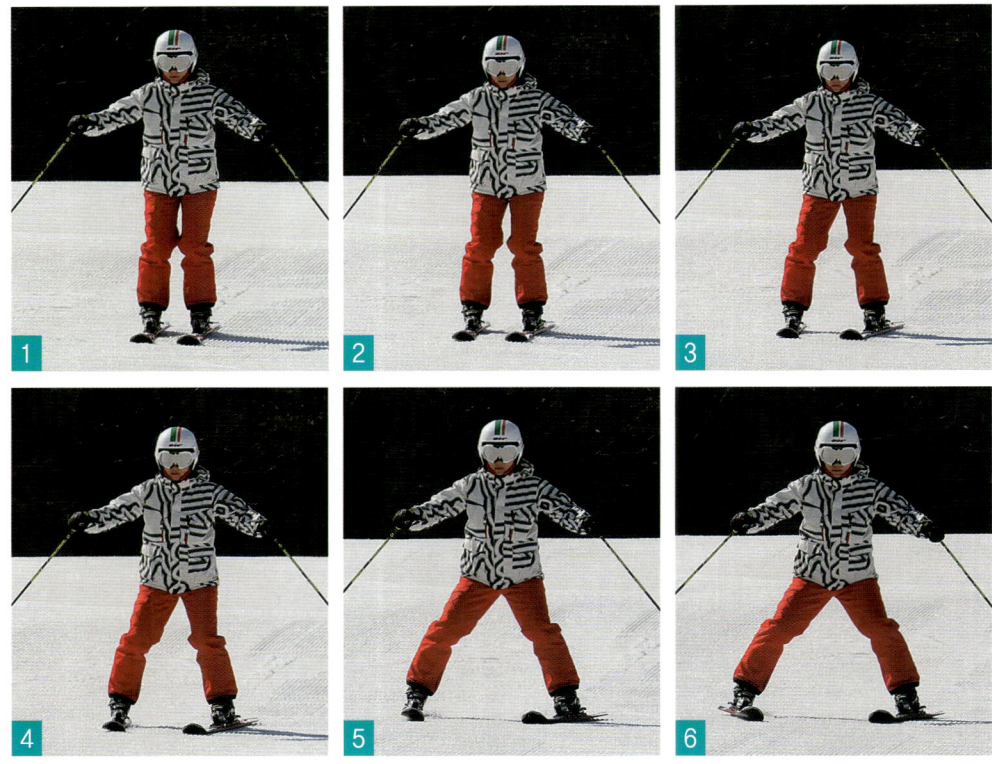

Chapter 3. 슬로프에 익숙해지기 · 85

Step 10. 패러렐 스탠스에서 슈템 동작으로 정지

패러렐 스탠스(parallel stance)로부터 스키를 개방하여 八자를 만들어서 턴하고 마지막에 다시 패러렐 스탠스로 돌아가는 움직임이 슈템(stemm) 동작이다. 슈템 동작의 포인트는 바로 중심이동이다. 바깥쪽 발을 계속 움직이면 턴의 후반에 자연스럽게 발이 모아진다. 스무드하게 되지 않는다면 안쪽 발을 축으로 회전하여, 바깥쪽 발이 다음의 안쪽 발로 변화되는 것을 의식하면서 활강해보자. 어느 한쪽 다리로 편향되면 자연스러운 움직임이 이어지지 않는다.

슈템동작으로 산쪽 회전

안쪽 발을 축으로 바깥쪽 발을 움직여서 움직인 바깥쪽 발로 체중을 이동시키면서 안쪽 발을 모아 산쪽 회전하여 정지한다. 중심이 이동하는 감각을 익히자.

1

2

3

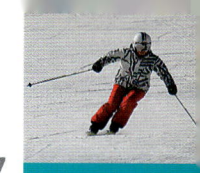

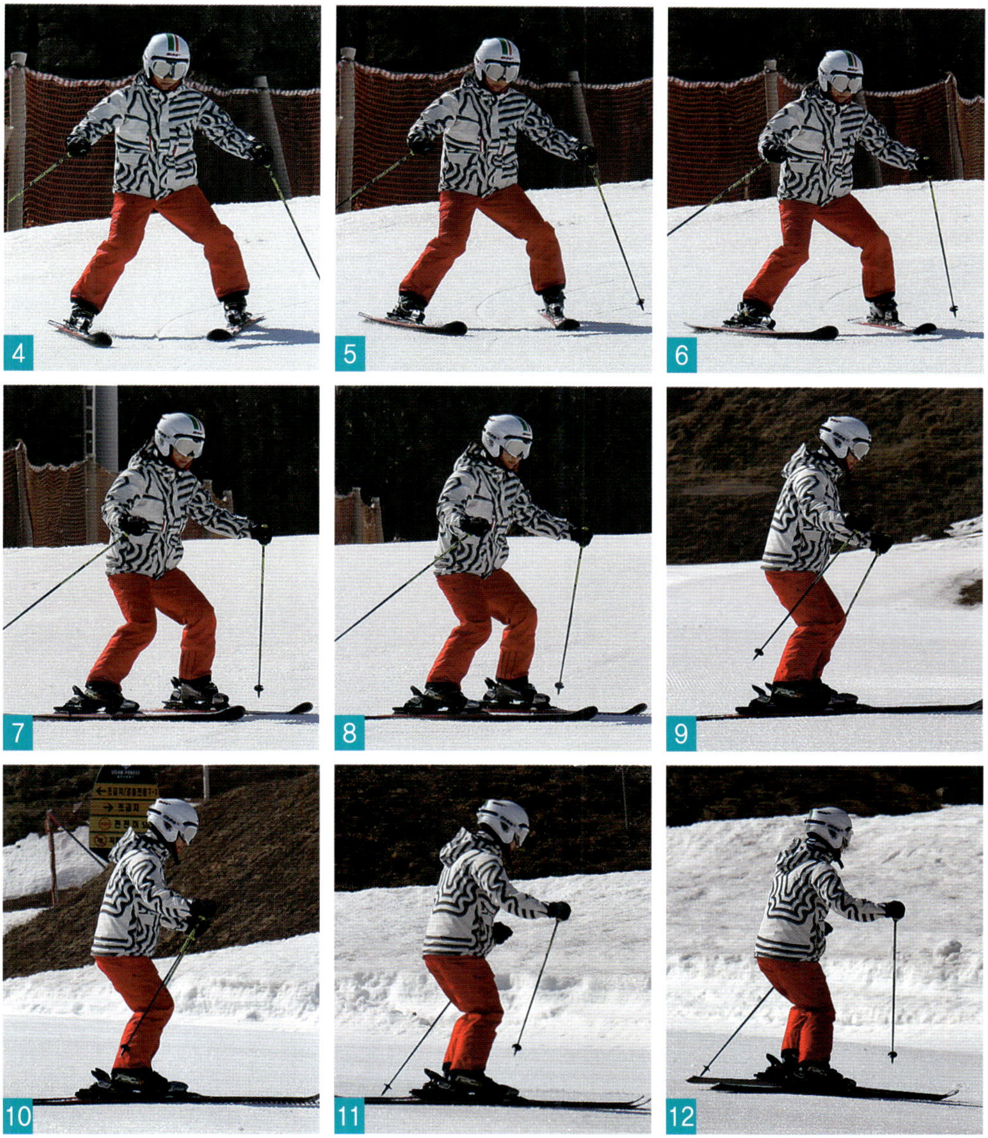

Chapter 3. 슬로프에 익숙해지기 · **87**

Step 11. 초보자의 슈템 턴

슈템 동작의 산쪽 회전으로 안쪽 발에서 바깥쪽 발로 중심을 이동시키는 감각을 익혔다면 턴을 연속해보자. 슈템 동작을 연속으로 할 때 가장 중요한 확인사항은 좌우의 중심이동이다. 안쪽 발을 축으로 하여 바깥쪽 스키를 부드럽게 움직여서 八자모양을 만드는 것이 턴 전반(前半)의 포인트이며, 턴 후반에는 계속 움직인 바깥쪽 스키에 중심을 이동시켜서 그 바깥쪽 발이 다음 턴의 안쪽 발이 되게끔 한다.

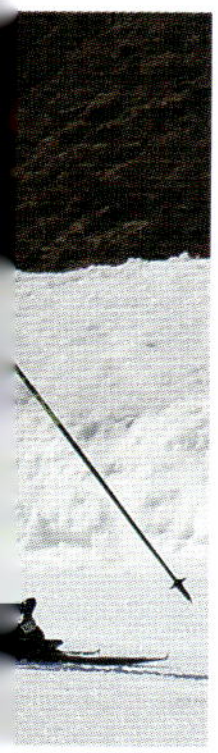

Chapter 3. 슬로프에 익숙해지기 · **89**

슈템 턴

가능한 한 부드럽고 자유롭게. 그렇게 연습하면 스키의 기본이 되는 부드러운 중심이동이 자연스럽게 몸에 익혀진다.

Step 12. 패러렐 스탠스를 유지하며 옆으로 정지

처음에는 몸의 상하움직임을 사용하여 스키를 옆으로 향하도록 하자. 점프하는 요령으로 가능한 한 크게 움직인다고 생각하면 된다. 발돋움할 때에 회전하기 쉬우므로 스키를 몸과 함께 옆으로 향하게 한다. 또 하나의 패턴은 몸을 가능한 한 상하로 움직이지 않고 스키를 움직여서 옆으로 향하게 하는 것이다. 이는 턴의 호가 커져도 상관없으므로, 몸 전체를 스키가 가려는 방향으로 천천히 움직여 보자.

상하움직임이 있는 경우

자세를 낮춘 다음 크게 발돋움하면 스키가 가벼워져서 회전하기 쉬워진다. 옆을 향하면 다시 낮은 자세를 취하고 정지한다.

1

2

3

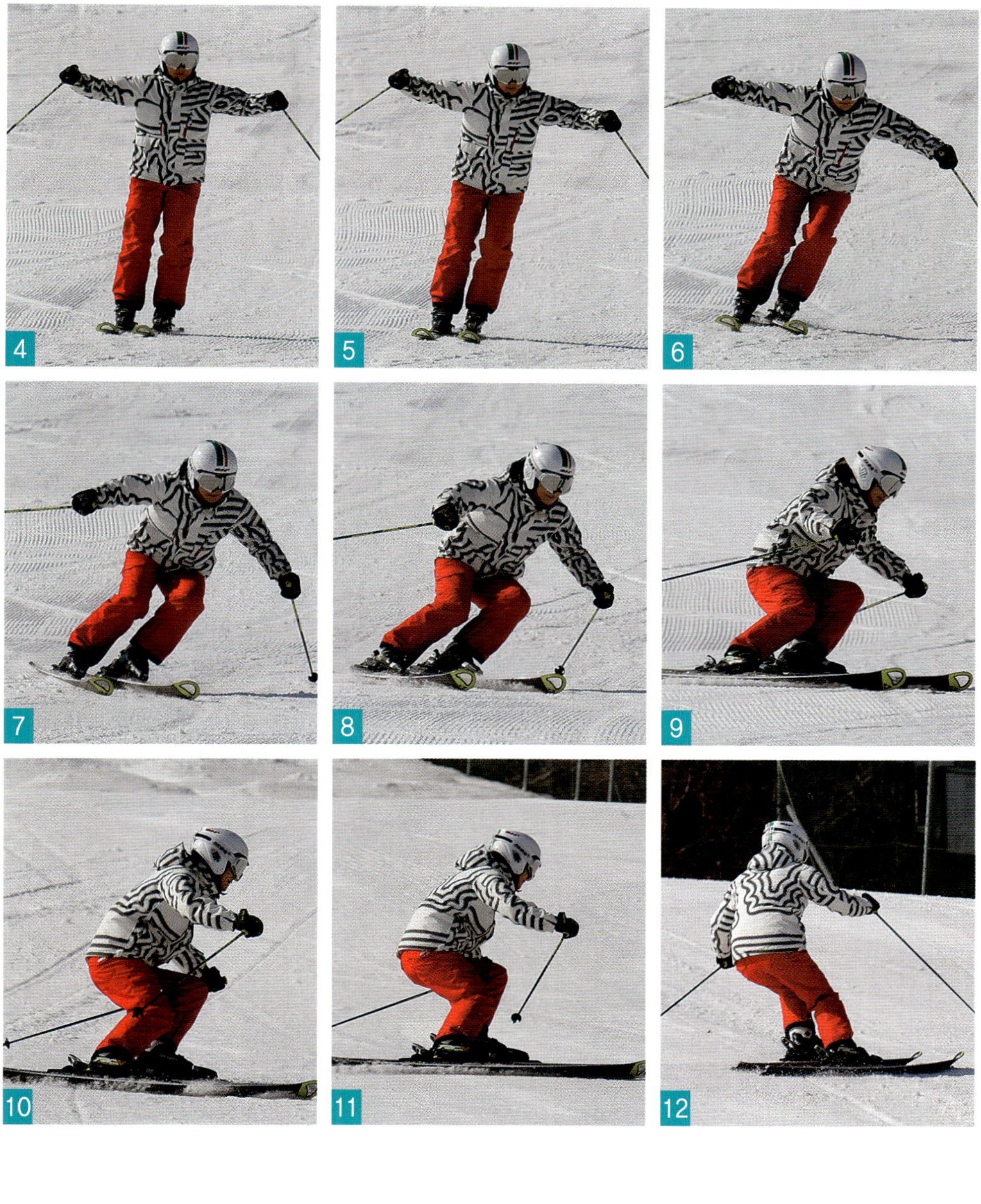

Chapter 3. 슬로프에 익숙해지기 · 91

상하움직임이 없는 경우

바깥쪽 스키와 허리, 그리고 어깨까지의 라인을 함께 회전시키는 것이 요령이다. 몸이 비틀어지지 않는 정도로 힘껏 움직여보자.

Chapter 3. 슬로프에 익숙해지기 · 93

Step 13. 스키를 옆으로 하는 동작의 연속

스키를 가지런히 모은 채 옆으로 향하게 하거나 멈출 수 있게 되었다면 그 움직임을 계속해보자. 처음에는 스키가 옆을 보았을 때 일단 완전하게 정지한다. 움직임을 연속시키고자 의식하면 하나하나의 동작이 조잡해지기 쉬우며, 생각보다 스피드가 과해지는 경우도 발생한다. 첫 번째 턴으로 완전히 멈춘 이후, 다음 턴을 스타트하자. 반복해서 하는 동안 턴에 익숙해지고 연속동작이 가능해질 것이다.

상하움직임이 있는 경우

사면 아래로 스키를 향하도록 하는 상황에서도 상하움직임을 사용해보자. 옆을 보면서 스키가 완전히 멈출 때까지 기다린다.

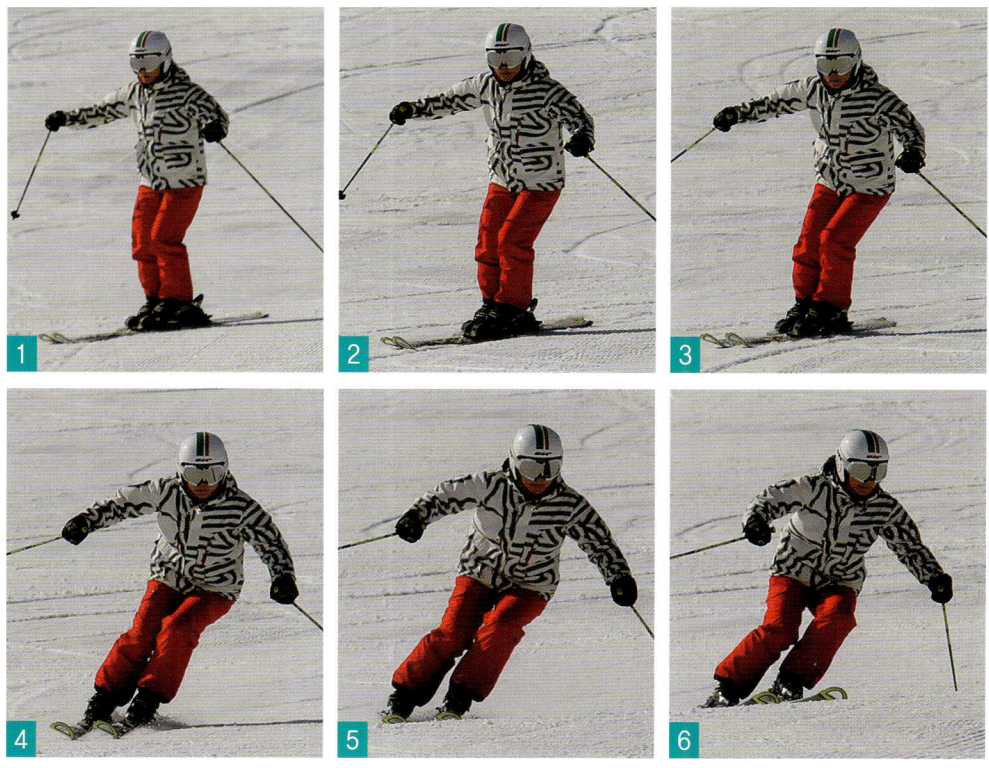

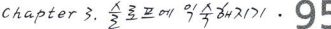

상하움직임이 없는 경우

처음에는 약간 앞으로 편향된 자세를 취하면 탑에 쉽게 힘을 전할 수 있으므로 테일도 쉽게 움직일 수 있게 된다.

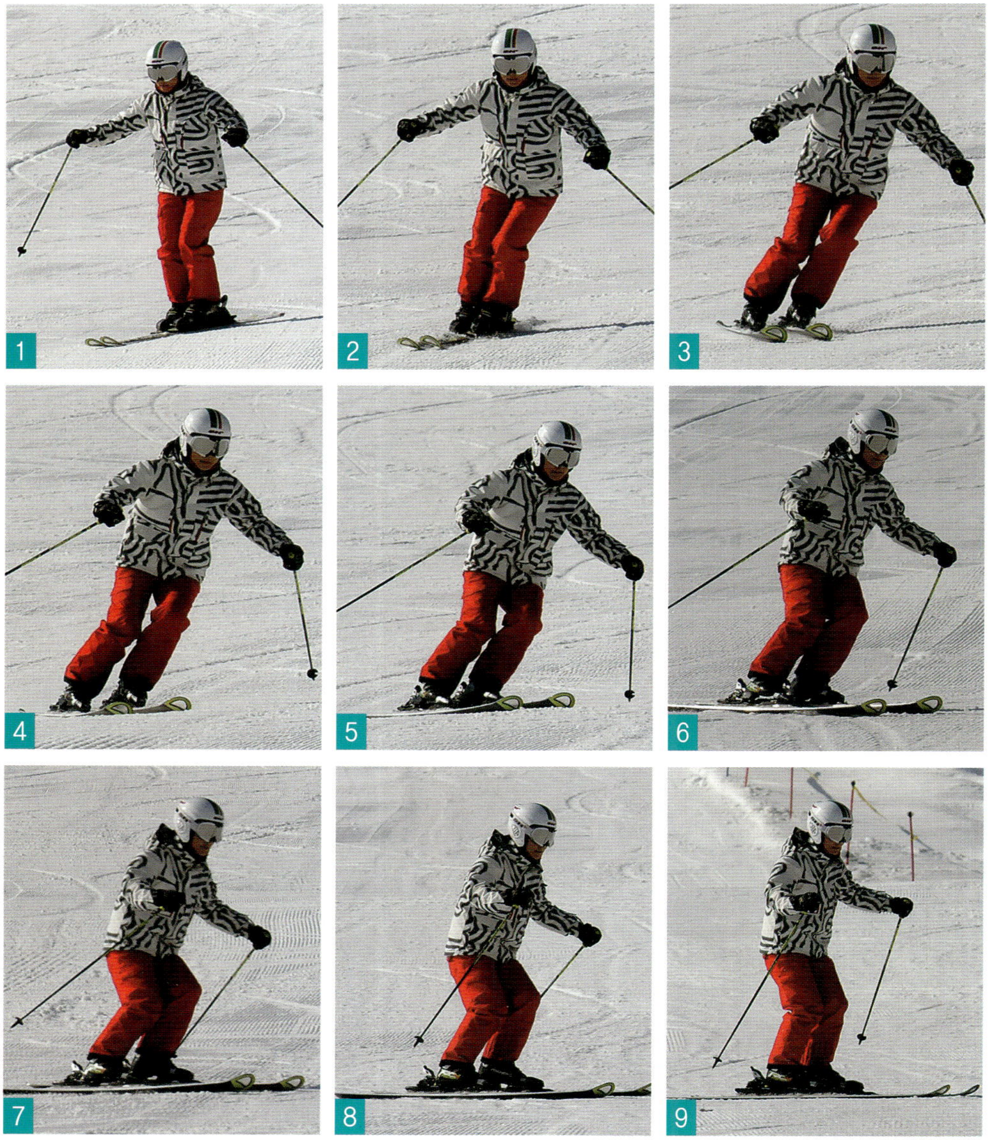

Chapter 3. 슬로프에 익숙해지기 · **97**

Step 14. 스톡을 찔러 턴하기

스톡 찌르기는 운동의 리듬을 만들어내는 매우 중요한 동작이다. 찌르는 타이밍으로 인해 운동의 기초가 쉽게 만들어진다. 또한 스톡을 컴퍼스에 비유해보자. 스톡으로 턴하는 안쪽, 즉 원의 중심을 확실히 찌름으로써 몸의 방향이 골짜기쪽을 향하기 쉬워지며, 이후에는 스톡을 찌른 편의 반대쪽 손과 발을 움직이면 동그란 호를 그리듯이 스키가 회전하게 된다.

상하울직임이 있는 경우

턴이 끝났을 때에 다음의 스톡을 확실히 내지르자. 찌르는 타이밍에 맞춰 몸을 빼면서 스키를 회전시키는 것이 요령이다.

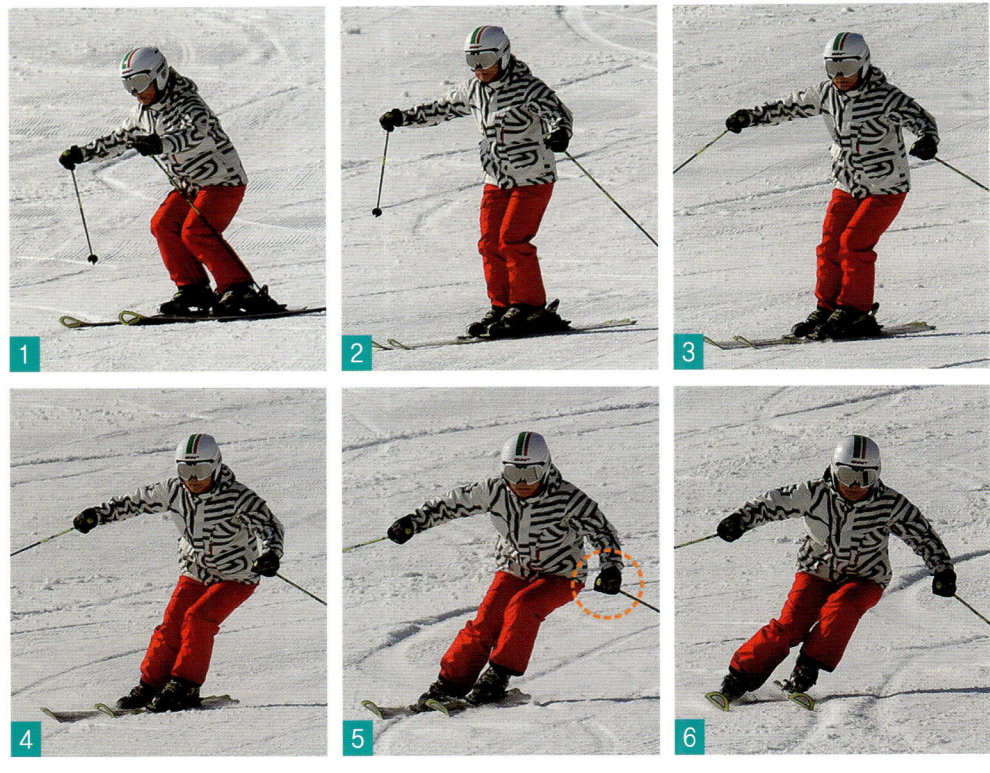

Chapter 3. 슬로프에 익숙해지기 · 99

상하움직임이 적은 경우

스톡으로 다음 턴하는 안쪽을 찌르면 몸이 쉽게 골짜기쪽을 향하게 된다. 그 타이밍에서 힘껏 다음 턴하는 바깥쪽 발과 손을 돌리면 간단하게 턴할 수 있다.

Chapter 3. 슬로프에 익숙해지기 · **101**

Step 15. 푸르그 스탠스로 사활강

사면을 대각선방향으로 활강하는 것이 사활강이다. 사활강은 八자모양에서 시작한다. 八자모양을 유지하고 사면을 대각선으로 활강하면 골짜기쪽에 있는 발(바깥쪽 다리)에 체중이 실리기 쉽다. 그 상태에서 필요 이상으로 바깥쪽 다리에 체중을 실으면

에지를 세우지 않은 사활강

사면에 대해서 대각선으로 서서 八자모양인 스키 사이에 중심을 두고 균형을 유지하며 이동하자. 균형을 잘 유지한 채로 사활강이 가능하다면 합격이다.

1

2

3

4

에지가 서버려 생각보다 과속하게 된다. 가고 싶은 방향과 상관없이 사면 위쪽으로 오르게 될 것이다. 그러니까 가고자 하는 방향으로 몸을 확실히 향하게 하고 바깥쪽 스키는 가능한 한 평평한 상태가 되도록 의식하자. 이 과정에서 바깥쪽 다리의 에지를 세우지 말고 자신이 가고자 하는 방향으로 스키를 움직이는 포지션을 확실히 익혔으면 한다. 가능한 한 완만한 사면에서 도전하자.

에지가 서버린 사활강

필요 이상으로 에지가 서서 설면을 깎는 모양으로 활강하게 되어 갑자기 속도가 올라서 제멋대로 사면 위쪽으로 오르게 된다. 초보자에게는 조금 무서울 수도 있다.

Step 16. 패러렐 스탠스로 사활강

팔(八)자스탠스로 사활강을 능숙하게 할 수 있으면 스키를 가지런히 모아서 패러렐 스탠스(parallel stance)로 하는 사활강에 도전해보자. 패러렐 스탠스는 八자 스탠스보다 좌우 스키의 균형, 중심의 위치가 매우 좁아진다. 균형을 잡기가 어려운 가운데 스키의 어긋남을 제어하면서 사활강을 해보자. 활주 중 항시 발의 감각을 느낄 수 있는 포지션을 익히는 것이 이 연습의 목표다. 어렵다면 八자부터 점점 스탠스를 좁혀가는 방법도 권할 만하다. 포인트는 몸을 활강하고자 하는 방향으로 향하게 하는 것이다. 몸이 향한 방향으로 스키가 이동한다는 사실을 익혔으면 한다.

양쪽 발의 균등한 균형감각이 필요!

좌우의 스키의 밸런스가 어긋나면 에지가 서서 대각선 이동이 어려워진다. 사활강이 가능한 양쪽 발의 균등한 균형감각을 익히자. 처음에는 八자에서 시작해서 서서히 폭을 좁혀 간다.

어긋남을 이용한 사활강

에지를 세우지 말고 어긋남을 이용한다는 사실을 의식하자. 가고자 하는 방향으로 몸을 향하게 하고, 그 방향으로 중심을 이동시키는 것은 사실 꽤 어려운 기술이다. 능숙하게 되지 않는다고 해서 포기하지 말자!

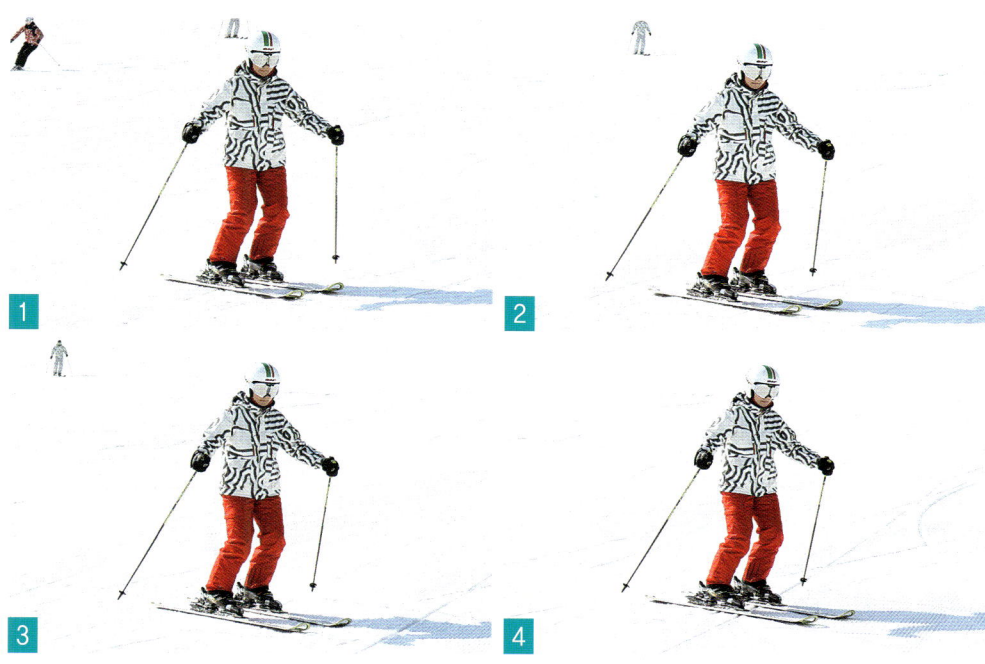

Step 17. 푸르그 스탠스로 직활강 중에 점프하기

활강과 턴에 익숙해졌다면 포지션을 확인하는 연습도 해두자. 방법은 간단한데, 문제는 점프의 가능여부이다. 우선 八자 스탠스로 천천히 활강하면서 낮은 자세를 만들고 점프해보자. 체크포인트는 스키의 탑부터 테일까지 전부 공중에 떠야 한다는 것이

사면에 대해서 수직으로 점프

스키의 탑부터 테일까지가 공중에 떠 있다는 것은 그만큼 사면에 대해서 스키의 수직선상 위에 서 있을 수 있었다는 증거이다. 전신을 사용해서 점프하자. 상반신 및 하반신만을 움직이면 스키는 쉽게 뜨지 않는다. 스키 및 부츠의 사용에 익숙해진다는 의미에서도 이 연습은 권할 만하다.
짧게 연속해서 점프하는 등 다양한 점프를 구상해보자.

다. 포지션이 나쁘면 스키의 탑만 뜰 수도 있다. 착각하지 않아야할 일은 점프만이 목적이 아니라는 사실이다. 항상 점프가 가능한 포지션, 즉 언제든지 움직일 수 있는 포지션을 익히는 것이 목적이다.

상체의 움직임이 너무 커서는 안 된다

점프를 하려고 할 때 처음에는 사진처럼 움직임을 취하는 사람이 매우 많다. 팔을 들어올려서 발돋움하려고 해도 후경자세가 되어버리기 때문에 점프해도 테일이 올라가지 않는다.

Step 18. 푸르그 스탠스로 사활강 중에 점프하기

이번에는 사활강 중에 하는 점프에 도전해보자. 직활강보다도 어려운 이유는 사활강은 사면에 대해서 대각선으로 서 있는 포지션이어서 좌우 발 위치의 높낮이가 있기 때문이다. 그러나 점프의 기본은 직활강과 동일하다. 스피드는 고려하지 말고 양쪽 스키

좌우 밸런스를 맞추어 점프!

사면에 대각선으로 서 있기 때문에 좌우 밸런스가 조금 달라지지만, 기본은 직활강 시의 점프와 같다. 양 다리로 점프하는 것과 양쪽 스키가 공중에 떠 있는가를 확인한다. 턴을 연속하는 동안에 점프가 가능해지면 포지션을 확실히 만들게 되었다는 증거이다. 언제든지 움직일 수 있는 포지션을 몸에 익혔으면 한다.

Chapter 3. 슬로프에 익숙해지기 · **109**

의 탑과 테일이 수직선상으로 확실히 올라가도록 노력해보자.

　점프동작에 익숙해지면 부츠에도 익숙해져서 발목을 구부려서 사용할 수 있게 된다. 소회전 및 모글(mogul) 사면에서 섬세한 스키조작도 용이해지며, 스피드에도 대응할 수 있는 포지션이 만들어진다. 하지만 이 연습은 천천히 해야 한다는 사실을 잊지 말자.

골짜기쪽에 위치한 발에 중심이 있으면 제대로 점프할 수 없다!

사활강에서는 골짜기쪽에 있는 발로 균형이 편향되어버리면 제대로 점프를 할 수가 없다. 점프가 능숙하게 되지 않는 이유 가운데 하나는 경사가 너무 심해서인 경우도 있다. 완만한 사면에서부터 도전하자.

Step 19. 턴 사이즈 바꾸기

처음에는 푸르그보겐으로, 그다음에는 슈템 턴을 한다. 크게 회전하고, 다음은 작게 회전하고! 턴의 사이즈를 바꿔서 활강해보자. 바깥쪽 스키를 확실히 움직인다. 그리고 작은 턴의 경우에도 움직임을 서둘러서는 안 된다. 턴을 점점 연속시키다 보면 자기도 모르는 사이에 스피드가 빨라져서 정신을 차리고 보면 과속상태가 되어 있는 경우가 빈번하다. 1턴, 1턴을 확실하게, 그리고 동작 하나하나를 확인하면서 활강했으면 한다. 산쪽 회전으로 스키를 확실히 옆으로 향하게 하면 스키는 멈춘다. 다음 턴을 위한 움직임을 서두르지 않는 것이 요령이다. 그렇게 해서 동작이 확실해졌다면 자연스럽게 스피드업도 가능해진다. 그리고 어느새 발도 가지런히 모아진다.

동작은 빠르게, 턴 호는 작게

동작 하나하나를 확실히 할 것. 작은 턴을 할 때일수록 확실히, 조심스럽게 움직일 필요가 있다. 익숙해진 경우 턴을 작게 하면 스피드도 올라간다. 하지만 그럴 때에도 턴 동작 하나하나를 확실하게 해야 한다. 턴의 크기뿐만 아니라 스피드에도 변화를 줄 수 있을 정도로 활강이 가능해졌다면 이번에는 다양한 사면에서 도전해보자.

1

2

Chapter 3. 슬로프에 익숙해지기 · 111

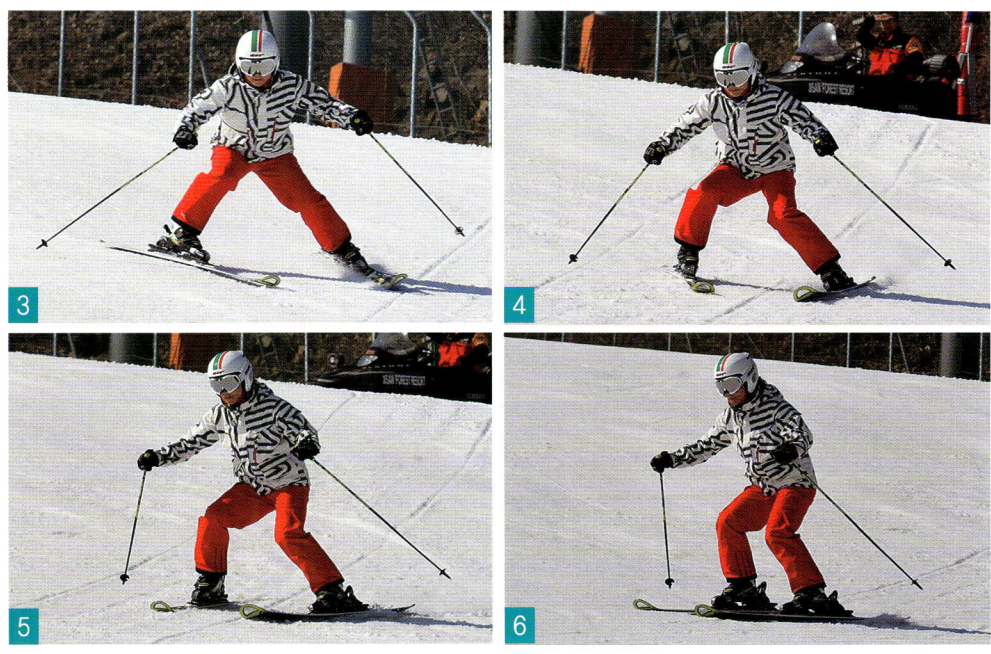

Step 20. 짧은 거리 활강하기

마지막은 스톡 찌르기이다. 상하움직임을 사용한 패턴과 상하움직임이 적은 패턴이 있는데, 여기에서는 그 중간 정도의 패턴이다. 슈템에서도, 푸르그에서도 확실히 스톡을 찌르면서 활강해 보자. 스톡을 찌르는 타이밍은 다음 턴을 시동할 때이다. 어려운 사면을 활강할 때에 스톡 찌르기는 중심이동의 시작이 되므로 확실히 마스터할 필요가 있다. 그다음 다양한 사면에 도전해보자.

초보의 패러렐 턴

스톡을 찔러서 활강할 수 있게 되었다면 더욱 중심이동이 확실해지니까 발을 가지런히 모으는 것이 쉬워지며, 자기도 모르는 사이에 발이 모아진다. 이제 즐겨보자.

1

2

11

12

Step 21. 장거리 활강하기

여기까지 왔다면 이제는 스키장의 정상에서 아래까지 장거리를 논스톱으로 활강해보자. 장거리를 활강하다보면 사면 및 설질에 변화가 있다. 다양한 변화 가운데 멈추지 않고 활강하면 균형감각이 생겨 기술 향상으로 이어진다. 장거리를 활강해보면 자연스럽게 편한 포지션이 몸에 익혀진다. 그리고 모처럼 활강이 가능해졌으니까 다양한 사면에 도전해보자. 주의해야할 점은 속도를 늦추는 것이다. 장거리 또는 넓은 사면을 활강하다보면 자신도 모르게 과속이 되기 마련이다.

자유롭게 활강해 보자!

턴 사이즈는 활강하는 사면에 의해 결정되니까 신경 쓰지 말 것. 자신도 모르는 사이 과속상태가 되지 않도록 턴 하나하나를 즐겨보자. 무리는 하지 말자.

1

2

3

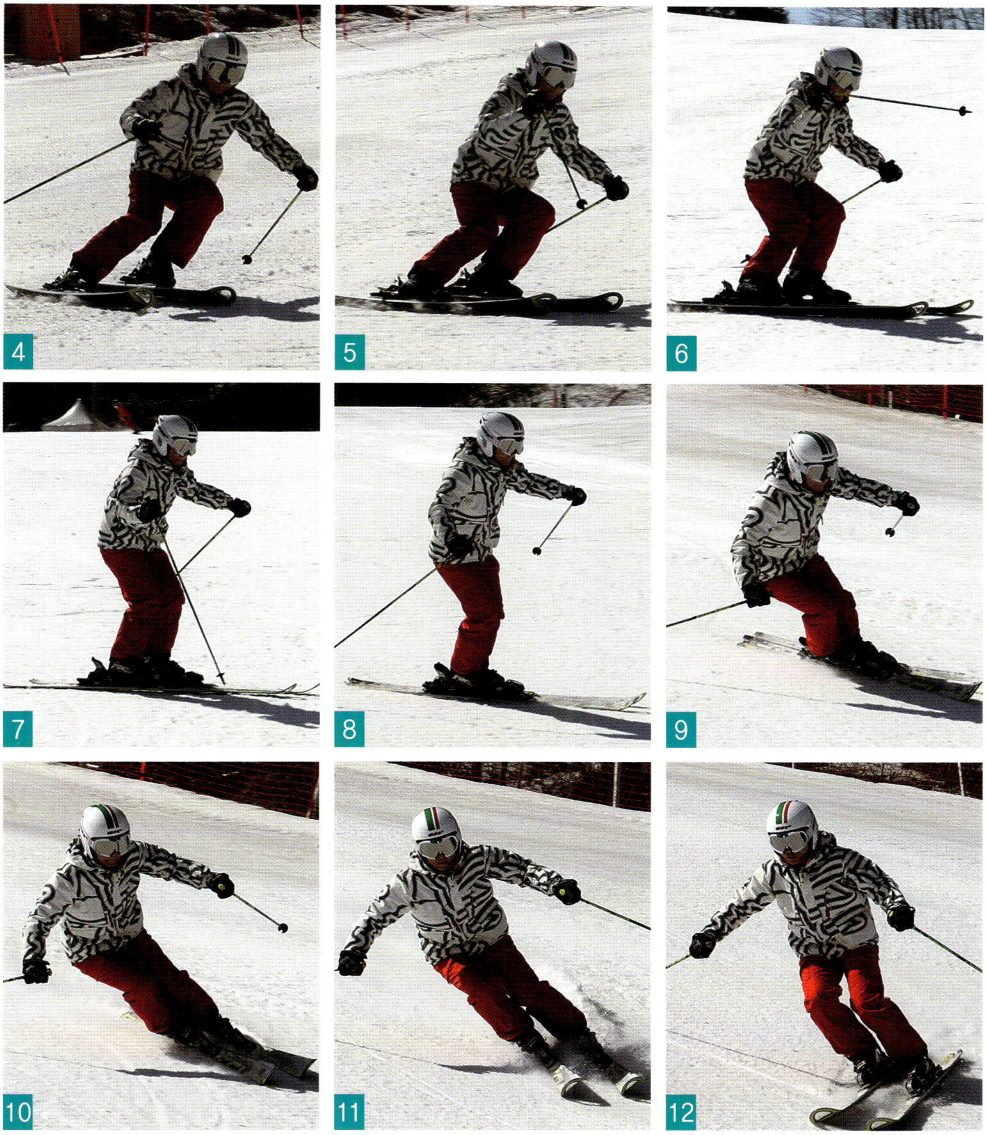

Chapter 3. 슬로프에 익숙해지기 · 115

　스키의 멋이란 어떤 것일까? 시원스럽게 활강하는 사람이 있으면 '와, 멋있다'라는 생각에 자연스럽게 시선이 간다. 하지만 스피드 내지 외관상의 멋에 집착한 나머지 오히려 불안정해져 있으면 나는 '부자연스럽다'는 생각을 하게 된다. 그렇다. 별로 멋있어 보이지 않는다는 것이다. 오히려 속도는 빠르지 않아도 자신의 기량에 맞춰 자유자재로 활강하고 있는 사람이 있으면 '아, 저 사람 잘 타네'라고 생각하게 된다.

　필자가 생각하는 스키의 멋이란 자유자재감이다. 어떤 사면이라도 자신의 생각대로 스키를 제어할 수 있는 사람, 자신의 수준에 맞춰서 확실히 스키를 제어할 수 있는 사람이 정말 멋있다고 생각한다. 그리고 또 하나. 즐겁게 타고 있는 사람, 수준과 상관없이 진정으로 스키를 즐기고 있는 사람이 진정 멋있는 사람이다.

Chapter 4

어려운 사면을 정복하자

활강을 자유자재로 할 수 있게 되면 도전하고 싶은 곳이 바로 지금까지 활강해 본 적 없는 사면이다. 정작 리프트를 타고 올라가기는 했지만 '이런 곳에서 어떻게 타지'라는 생각을 갖게 된다.

이번 장에서는 어려운 사면을 만났을 때의 대처방법과 모글(mogul)의 혹, 급사면 등의 활강방법을 설명한다. 걱정하지 말라! 거의 대부분 앞에서 설명한 내용의 응용일 뿐이다. 기본은 편안하게 서두르지 말고, 천천히. 이를 염두에 두는 것만으로도 편해질 것이다.

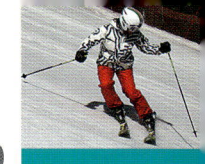

Chapter 4. 어려운 사면을 정복하자 · 119

Step 1. 한쪽 푸르그로 사활강하기

우선 주의해야 할 점은 위험한 사면에는 가까이 가지 않는 것이다. 슬로프 맵(slope map)을 보거나 리프트로 이동하면서 사면을 체크한다. 자신의 기량으로 활강이 가능할 것 같은 루트를 머리에 넣어두자. 하지만 실제로 활강해보면 생각보다 경사가 급하거나 모글 사면이 있는 경우가 있다. 이 경우에 유효한 것이 한쪽 푸르그로 하는 사활강이다. 스키를 가지런히 모은 채 사활강을 하면 스피드를 제어하기 힘들며 균형을 유지하기 어렵다. 알맞은 스피드를 유지하려면 골짜기쪽 스키를 항상 어긋나게 하여 모글의 혹이 있는 곳에서는 혹의 계단을 대각선으로 내려간다. 이때 골짜기쪽 스키에 체중을 실어야 한다. 산쪽 스키에 체중을 실으면 몸이 후경자세가 되어 제어불능상태가 된다.

안전한 스탠스로 여유로운 마음 가짐을!

급사면에서는 가능한 한 좁은 스탠스로 八자를 만들자. 그렇게 하지 않으면 점점 八자가 넓어져 넘어질 수가 있으며, 에지가 서서 의도한 방향으로 나아가지 않게 된다. 사진과 같은 너비가 적당하다.

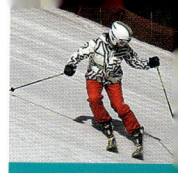

천천히 사활강한다

급사면에서는 사면의 낙차로 인해 그대로 방치해두면 에지가 서서 능숙히 활강할 수 없으며, 몸도 후경자세가 되기 쉽다. 이때에는 평상시보다 더 많이 바깥쪽 스키에 체중을 싣자. 그렇게 하면 에지도 잘 서지 않으며 능숙하게 탈 수 있다.

5

6

7

Step 2. 패러렐 스탠스로 사활강과 기르란데

　한쪽 八자로 사활강이 가능해지면 발을 가지런히 모은 패러렐 스탠스로도 할 수 있을 것이다. 해야할 일은 거의 같다. 패러렐 스탠스로 활강할 때의 요령은 스탠스가 모인 만큼 엉덩이를 골짜기쪽 스키의 직선상에 곧게 싣는 것이다. 이렇게 하면 자연스럽게 중심이 바깥쪽으로 쏠리기 때문에 부드러운 활강이 가능해지며, 후경자세도 방지할 수 있다. 포지션은 가능한 한 높게 유지하도록 의식하자. 그렇지 않으면 다리를 자연스럽게

패러렐 스탠스로 사활강

패러렐 스탠스의 장점은 다리를 구부리고 펴는 동작이 간단하다는 것이다. 하지만 무리하게 다리를 구부리려고 하면 반드시 후경자세가 되기 때문에 좋지 않다.

구부리고 펴는 운동을 할 수 없게 된다. 사활강이 가능해지면 사면을 대각선으로 소회 전하는 기르란데(girlande)에 도전해보자. 이것이 가능해지면 작은 모글의 혹 등은 쉽게 극복할 수 있을 것이다.

기르란데

모글의 혹이나 급사면에서 유효한 것이 이 기르란데이다. 직활강이 무섭다면 대각선으로 내려가자. 스키를 옆으로 향하게 하고 스타트하면 된다. 하향~횡향으로 모글의 혹에 맞춰서 턴을 이어가자.

Step 3. 횡활강으로 급사면 내려가기

급사면이나 눈이 얼어붙은 아이스반(Eisbahn) 등에서 효과적인 것이 횡활강이다. 횡활강은 스키를 옆으로 향하도록 한 채 사면을 내려갈 뿐이지만, 이 활강이 가능해지면 매우 편하다. 에지를 세우면 멈추고, 느슨하게 하면 다시 미끄러진다. 이를 중심이동에 의해 제어하는 것이 횡활강의 비결이다. 하반신만으로 하려고 하면 절대로 능숙히 할 수가 없다. 오히려 에지가 서서 고생하게 될 것이다. 횡활강이 능숙해지면 급사면에서의 포지션이 더욱 좋아지며, 스키도 능숙하게 탈 수 있기 때문에 턴의 제어도 용이해진다. 무엇보다도 일단 급사면도 내려갈 수 있게 된다는 것이 가장 큰 장점이다.

어긋남을 제어하는 에지 사용법

에지를 세우지 않으면 스키가 어긋나서 쉽게 움직인다. 에지를 세우면 스키가 어긋나지 않고 쉽게 움직이지 낳는다.

에지를 세우지 않은 모습

에지를 세운 모습

횡활강

양쪽 스키를 평행으로 해서 능숙히 사용하는 것이 포인트이다. 사진 1~3처럼 몸을 골짜기쪽 스키쪽으로 가져가면 미끄러지기 시작하며, 사진 4~5처럼 산쪽 스키쪽으로 가져가면 에지가 서서 자연스럽게 멈춘다. 이 미묘한 차이를 몸에 익히자.

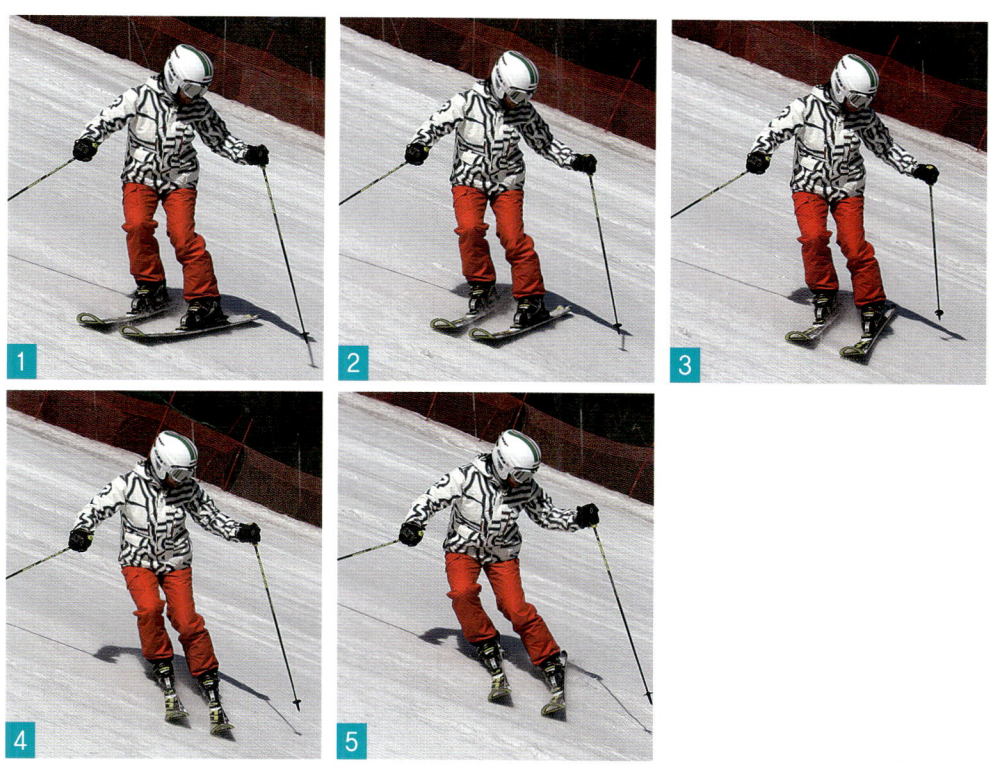

Step 4. 스톡을 사용해서 턴하기

모글의 혹이나 급사면에서 턴할 때 빠뜨릴 수 없는 것이 스톡 찌르기이다. 스톡을 찌르는 위치는 가능한 한 스키 탑의 바로 옆 근처가 제일 좋다. 그리고 스톡을 찌른 다음 스톡을 컴퍼스의 바늘이라고 생각하고 그것을 중심으로 몸을 힘껏 돌려보자. 이 '힘껏'이 모글의 혹이나 급사면에서 턴하는 비결이다. 낙차가 커지기 때문에 '좀 오버하는 것 아니야?'라는 생각이 들 정도로 한 번에 움직여보자. 턴 후반에서 다음 스톡을 준비하는 것도 잊지 말자. 그렇게 의식하면 혹 위에서 활강할 때에도 후경자세가 되지 않는다. 모글의 혹이나 급사면에서 활강할 때에는 '과장되게' 그리고 '시원하게'가 요점이다. 이와 같은 움직임을 만들어내는 것이 바로 스톡이다.

스톡을 찔러보자!

스톡을 확실히 찌르는 요령은 과장되게 움직이는 것이다. 사진 3처럼 찌르기 전에 확실히 준비하자. 그리고 힘껏 찌름과 동시에 몸을 한 번에 돌린다. 항상 찌른 스톡이 컴퍼스의 바늘이라고 생각하자.

Chapter 4. 어려운 사면을 정복하자 · 127

어려운 사면에서는 무리해서 활강하지 않는다

초보일 때에는 무리할 필요가 없다. 물론 '모글의 혹에서 타보고 싶다'거나 '카빙턴(carving turn)을 해보고 싶다'는 욕구는 동기부여가 되므로 활강이 가능할 것 같은 사면이 있다면 도전해보자. 하지만 여기서 조언하고 싶은 말은 무리해서 활강하지 말라는 것이다. 공포심이나 긴장감은 스키의 적이다. 필자의 경험상 이른 단계에서 트라우마(trauma)가 생겨버리면 능숙해지더라도 쉽게 극복되지 않는다. 그리고 무리해서 어려운 사면에서 활강할수록 움직임도 굳어지며 지금까지 연습했던 것이 무용지물이 될 가능성이 높다.

스스로 스키를 자유자재로 탈착할 수 있게 되고 자신감이 생기면 자연스럽게 어려운 곳에 도전해보고 싶어지기 마련이니까, 처음부터 무리할 필요는 없다.

Chapter 5

스키 120% 즐기기

활강이 능숙해지면 스키는 가속도적으로 즐거워진다. 하지만 스키는 그저 활강만하는 운동이 아니다.
이 장에서는 더욱 즐거운 스키 세상을 소개한다. 혹시 현재 가능하지 않은 것이 있더라도 앞으로 즐거움을 위해 스키의 새로운 가능성을 엿보았으면 한다.

Step 1. 한쪽 푸르그로 에지를 세워 산쪽 회전

레이서(racer)나 실력이 좋은 사람들이 하는 에지를 세운 상태로 턴하는 카빙턴(carving turn). 처음부터 이것만 하면 오히려 실력향상의 방해요소로 작용하지만, 여기에서는 스키의 에지에 타고 턴하는 방법을 소개한다.

우선 완사면에서 한쪽 푸르그로 사면 아래쪽을 향해 스타트하자. 처음에는 바깥쪽 발의 무릎을 안쪽으로 넣는 듯한 느낌으로 활강하면서 에지를 세워보자. 에지가 걸리면 그 에지에 기대는 듯 스키의 사이드컷(side cut, 플레이트 양면 중간의 움푹 들어간 곳)에 타서 턴해보자. 스키가 턴해서 산쪽을 향하면 멈춘다. 이때 주의할 점은 가능한 한 넓은 장소, 사람이 많지 않은 장소에서 도전하는 것이다.

직활강에서 바깥쪽 스키의 에지를 세우고 산쪽 회전

가능한 한 넓은 장소에서 도전하자. 처음에는 스키가 멈출 때까지 제대로 움직일 수 없을 것이므로 주의해야 한다. 확실히 바깥쪽 발을 구부려서 에지의 각도를 유지한다. 하지만 능숙해지면 자연스럽게 되니까 초조해하지 말자.

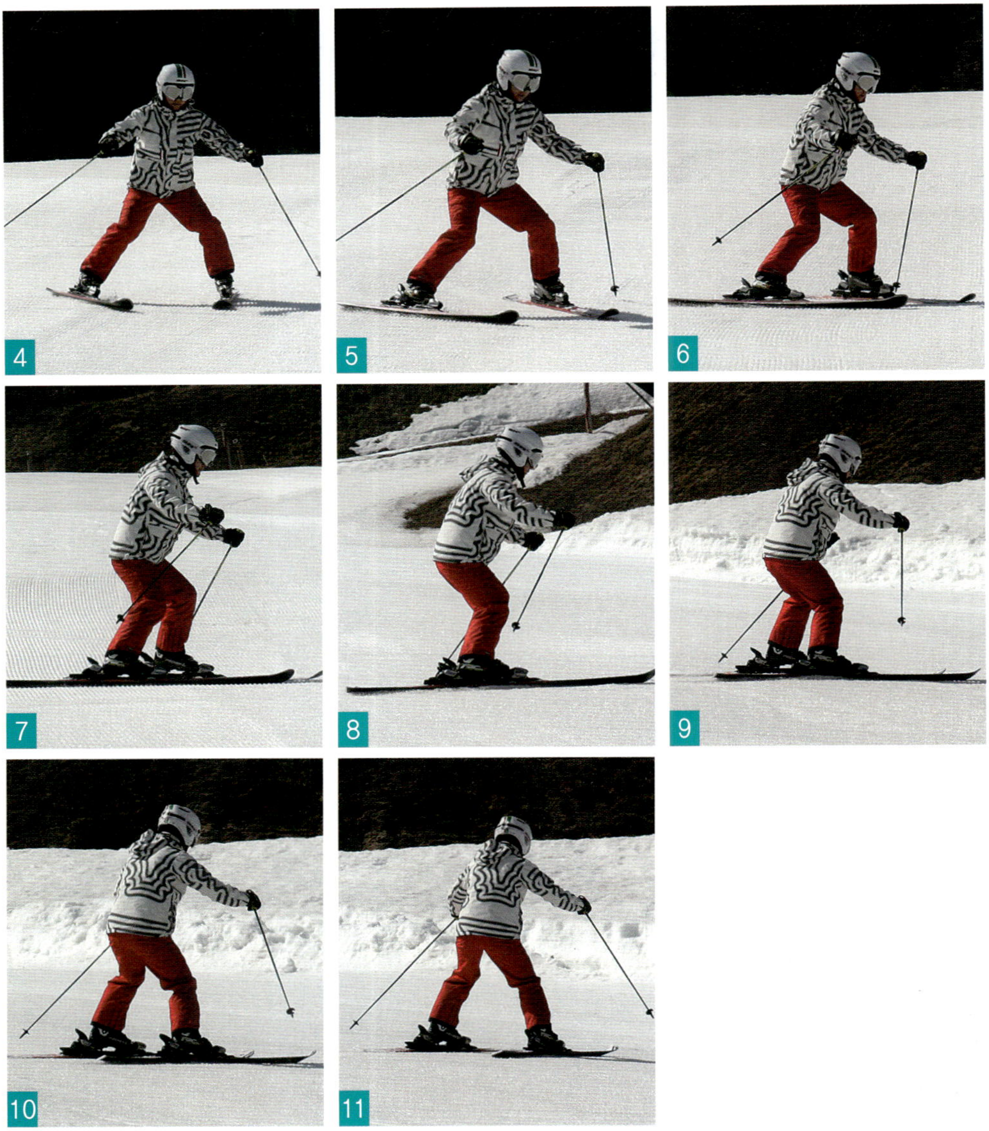

Step 2. 패러렐 스탠스로 에지를 세워 산쪽 회전

八자 스탠스의 산쪽 회전을 통해 스키의 에지로 턴하는 감각을 익혔다면 이번에는 패러렐 스탠스에서 하는 산쪽 회전에도 도전해보자. 여기서 목표는 양쪽 스키의 에지로 설면을 잡아내는 것이다. 八자 스탠스 때와 마찬가지로 바깥쪽 스키에 체중을 실어버리면 안쪽 스키가 떠버린다. 요령은 양쪽 스키를 몸의 기울기를 통해 눕히는 것이다. 그리고 에지가 걸리면 바깥쪽 스키를 가고자 하는 방향으로 움직이는 것이다. 처음에는 아마 움직이는 감각을 모를 수도 있는데, 기준은 양쪽 스키의 탑이 전후 차이 없이 동일한 방향을 향하고 있어야 한다. 이는 꽤 고난이도의 기술이다. 몸의 기울기로 에지를 세우는 것이 포인트이긴 하지만 너무 의식하지 않아도 좋다.

직활강에서 양쪽 스키의 에지를 세우고 산쪽 회전

몸을 기울여 양쪽 스키를 눕혀가자. 그리고 에지가 걸리면 바깥쪽 스키를 가고자 하는 방향으로 움직이자. 좌우 스키의 탑이 전후 차이 없이 동일한 방향을 보고 있는 점이 포인트이다.

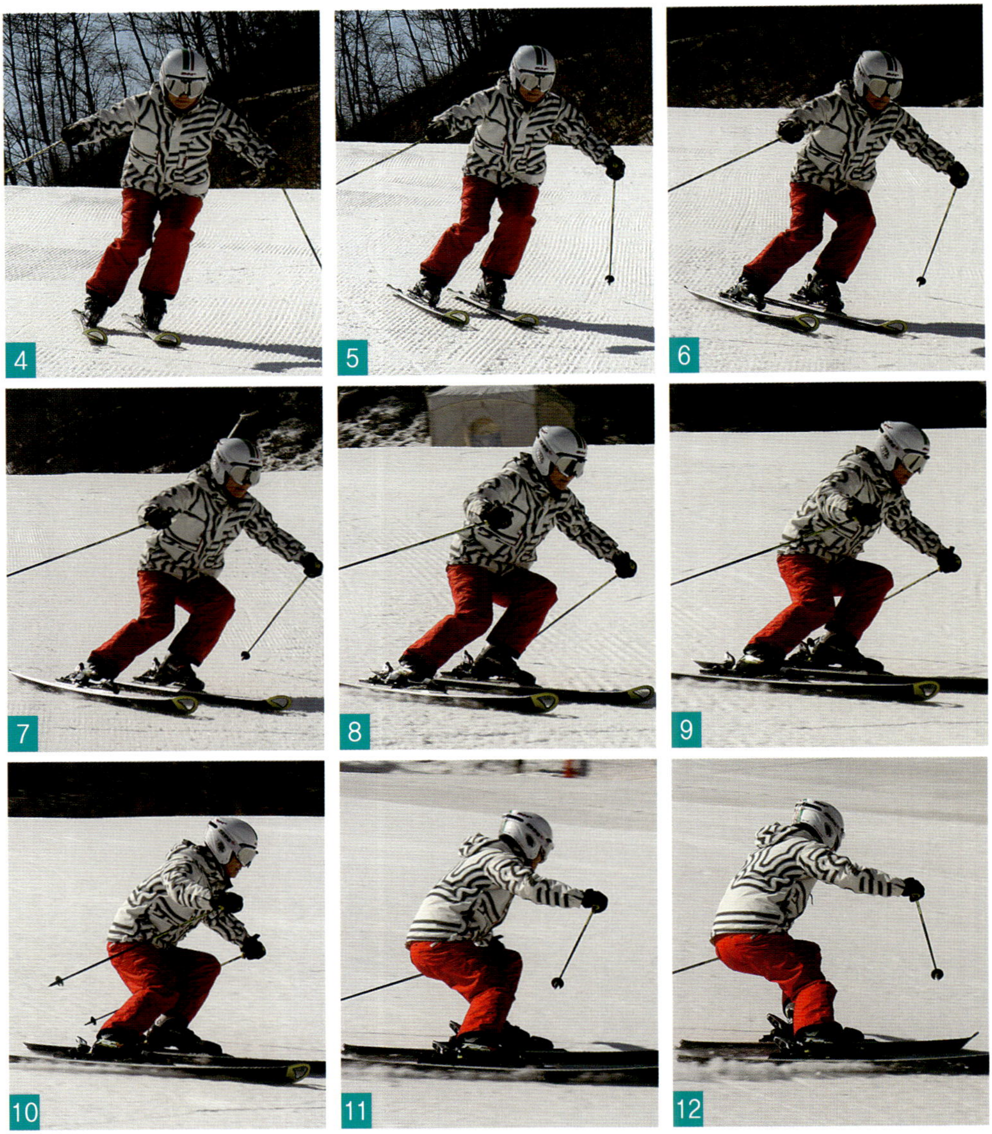

134

Chapter 5. 스키 120% 즐기기 · 135

Step 3. 안쪽 발로 턴하기

여기에서는 안쪽 발 사용법을 소개한다. 안쪽 발만으로 턴하는 안쪽 발 턴은 카빙턴 뿐만 아니라 평상시의 활강에서 살릴 수 있는 방법이다. 그러니까 도전해 볼 만한 가치가 있다. 그저 단순히 바깥쪽 스키에 타지 말고 안쪽 발만으로 턴하는 것인데, 여기에는 몇 가지 포인트가 있다. 우선 카빙턴 연습이라고 해서 무리해서 에지를 세우지 말자. 에지를 세우면 반드시 넘어진다. 스키 플레이트를 능숙히 어긋나게 하면서 턴해보자. 요령은 중심을 확실히 안쪽 발 위로 가져가는 것이다. 바깥쪽 발을 너무 올리면 넘어질 수 있으므로 주의하자. 안쪽 발의 감각을 익히면 턴의 전환이 부드럽게 될 것이다.

안쪽 발로 턴하기

안쪽 발 턴에서 중요한 것은 에지를 세우지 않는 것과 안쪽 발의 수직선상 위로 중심을 가져가는 것이다. 안쪽 발 부츠의 설포에 기대듯 발목을 구부리면서 약간 전경자세를 의식하면 잘 될 것이다. 바깥쪽 스키는 그대로 두어도 올라간다.

1

2

3

Chapter 5. 스키 120% 즐기기 · 137

Step 4. 카빙턴의 포인트

여기까지 능숙하게 활강할 수 있다면 상급자 내지 전문가라고 불리는 수준이다. 이 책에서 다 소개할 수 없지만, 여기서의 활강은 이 책에 소개하고 있는 연습의 연장선상에 있는 활강이다. 포인트는 역시 스키를 움직이는 것과 에지를 세우지 않는 것이다. 에지는 세우는 것이 아니라 서는 것이다. 전반(前半)의 기울기는 사실 몸을 안쪽으로 눕히는 것이 아니라 스키를 바깥쪽으로 움직임으로써 만들어진다. 에지가 설면을 잡아서 카빙이 시작되고 그 스키를 가고자하는 방향으로 계속해서 움직임으로써 발아래까지 돌아오게 된다. 이 기울기는 스피드가 없으면 만들어지지 않기 때문에 이미지만을 가지고 있어도 의미가 없다.

카빙턴

몸이 기울어지기 때문에 에지가 서게 된다. 이는 하이스피드로 인해 턴의 원심력이 증가되어 그 외력에 대항하기 위한 결과이다. 오토바이의 코너링과 같다. 이 책에 쓰여 있는 내용을 연습해서 기량이 향상되면 언젠가는 카빙턴을 자유자재로 할 수 있을 것이다.

1

2

3

Chapter 5. 스키 120% 즐기기 · 139

Step 5. 경사가 심한 곳에서 점프하기

점프에도 도전해 보자. 올림픽대회에서 하는 점프처럼 점프하는 것이 아니라 슬로프의 작은 혹이나 사면변화가 심한 곳을 이용해서 연습해본다. 모처럼의 점프이니까 공중에 뜨는 쾌감에도 도전했으면 한다. 먼저 절대 지켜야할 일이 있다. 첫째, 스피드는 일단 늦추자. 둘째, 착지지점이 보이지 않는 곳에서는 점프하지 말자. 이 두 가지를 잊고 점프하면 큰 사고로 이어질 위험이 있으므로 절대로 지켜야만 한다. 과속으로 점프하는 것은 무섭기도 하고 부상으로도 이어진다. 가능한 한 느린 속도로, 스스로 내딛어서 점프하자. 익숙해지면 점점 높이 점프할 수 있으며, 파크(park)에 있는 작은 점프대(kicker) 정도라면 충분히 도전해볼 수 있을 것이다.

높이차를 이용해서 점프

경사의 변화가 시작되는 곳을 이용하여 점프한다. 처음에는 완만한 속도로 자신의 힘을 이용해서 내딛자. 이렇게 해서 익숙해져 가면 점점 점프하는 것이 즐거워질 것이다. 하지만 안전이 제일임을 잊지 말자.

1

2

3

Chapter 5. 스키 120% 즐기기 · 141

　파크(park)에는 스노보더(snow boarder) 및 트윈팁 스키(twin-tip ski)를 신은 하드코어(hardcore) 스키어들이 많이 있기 때문에 처음에는 다가가기 어려울 수도 있다. 하지만 스키를 즐기는 도중 휴식겸 해서 보러가는 것만으로도 즐겁다. 초보자용으로 낮게 설치되어 있는 것도 있으니까 가능할 것 같다면 도전해 보자.

　하프파이프(half pipe)는 스노보드의 올림픽종목으로, TV에서 본 적이 있을 것이다. 하프파이프의 장점은 점프를 못해도 부유감(浮遊感)을 즐길 수 있다는 것이다. 느린 속도로 가운데로부터 들어가서 갈 수 있는 곳까지 벽을 타고 올라갔다가 반대쪽 벽으로 내려오는 것으로 유원지에 있는 놀이기구 같아서 재미있다. 하프파이프에서 주의해야 할 점은 우선 주위를 보고, 자신의 순서가 되면 손을 들고 어필하는 것이다. 자신도 모르는 사이에 속도가 붙기 때문에 하단의 평평한 부분에서는 확실히 감속해야 한다. 과속하지 않도록 주의하고, 절대로 무리는 하지 말자.

하프파이프 전경
둥그런 파이프를 반으로 자른 형태를 하고 있기 때문에 하프파이프라고 한다. 가까이서 보면 크지만 그 안에서 벽을 사용하면서 타는 느낌은 신선하며 즐겁다. 기회가 된다면 도전해 보자.

Chapter 6

준비운동

여기에서는 스키를 타기 전에 하는 준비운동을 소개한다. 스키장에 도착하여 활강하기 전의 준비체조는 중요하다. 몸이 풀리며 부상예방도 되기 때문에 익혀두면 좋다. 정해진 순서는 특별히 없지만 어디를 움직이는지, 어디를 펴면 되는지 등, 포인트를 설명한다.

Step 1. 어깨돌리기

어깨돌리기는 기초적인 운동이지만 주의할 점은 어깨뼈까지 확실히 움직이는 것이다. 어깨뼈를 움직이면 등근육도 풀리고 어깨의 혈행도 좋아진다. 어깨가 자주 결리는 사람들에게도 추천한다.

Step 2. 스톡 들고 앞뒤로 펴기

스톡을 2개 모아서 쥐고, 앞으로 구부릴 때에는 등부터 발까지 온몸의 뒤쪽으로 펴고, 뒤로 젖힐 때에는 신체의 앞쪽을 스트레치한다. 어깨뼈까지 움직이면서 어깨를 당기면 몸이 더욱 풀리고 따뜻해진다. 약 5초 정도 몸이 펴지고 있는 부분을 느끼면서 조금씩 펴자.

Step 3. 스톡 들고 좌우로 펴기

스톡을 2개 모아서 쥐고 머리 위로 올린다. 몸을 펴면서 좌우로 몸을 기울여 보자. 이를 각 방향별로 5초 정도 실시한다. 바깥쪽 어깨를 들어올리듯 펴주면 더욱 효과적이다. 어깨와 등, 신체의 가로부분의 스트레치감을 확실히 느끼면서 펴자.

Step 4. 스톡 끼고 윗몸 비틀기

스톡을 뒤에서 양손으로 쥔다. 처음에는 가볍게, 점점 크게 몸을 천천히 비틀어보자. 탄력이 생겨서 힘이 들어가면 안 된다. 흔들흔들 천천히 하는 것이 포인트이다. 무리해서 통증이 느껴질 때까지 비틀면 안 된다.

Step 5. 스톡 짚고 다리 앞뒤로 흔들기

양손에 스톡을 쥐고 몸을 지탱하면서 발을 앞뒤로 흔들어보자. 여기에서도 중요한 것은 갑자기 크게 하지 않는 것이다. 스키 부츠의 무게가 있기 때문에 그 원심력으로 자연스럽게 하반신이 늘어뜨려지는 것을 느낄 수 있을 것이다. 흔들거리면서 점점 그 흔들림을 크게 하자.

Step 6. 다리의 내전과 외전운동

양손으로 스톡을 짚고 다리를 외전시켰다가 다시 내전시킨다. 천천히 실시한다. 스키 부츠의 무게를 이용하여 자연스럽게 실시한다.

Step 7. 엉덩관절의 내선·외선운동

이번에는 발을 빙글빙글 돌려보자. 엉덩관절을 푸는 운동인데, 물론 내선과 외선 모두 하자. 엉덩관절 부근의 근육은 스키에서도 매우 중요하다. 움직여서 확실히 워밍업하자.

Step 8. 어깨 스트레치 1

팔을 올려서 등 뒤로 돌리고 반대 손으로 잡아당기면 어깨 및 겨드랑이, 등을 펼 수 있다. 펴 있는 동안은 고개를 숙여서는 안 된다. 무리해서 잡아당기지 말 것. 양쪽 어깨를 각각 기분 좋은 수준의 곳에서 5초 정도 늘리자.

Chapter 6. 준비운동 · 149

Step 9. 어깨 스트레치 2

이번에는 팔을 앞으로 펴고 거기서 반대 손으로 몸통으로 잡아당기듯 하면 어깨부터 팔의 상부까지 펼 수 있다. 몸에 비틀림이 생길 정도로 잡아당기지 않도록 주의한다. 이것도 5초 정도 실시한다.

Step 10. 어깨 스트레치 3

손을 깍지끼고 앞으로 내민다. 이 스트레치의 포인트는 새우등 자세를 취하끼는 것이다. 힘껏 새우등 자세를 취하면 어깨뼈 주변을 비롯해서 등 전체가 펴지는 것을 느낄 수 있다. 등근육은 확실히 펴두자.

Step 11. 어깨 스트레치 4

이 자세에서는 의식적으로 가슴근육을 펴야 한다. 양손을 뒤로 잡아당기는 느낌으로 그대로 윗몸을 뒤로 젖히면 배근육도 펴지는 것을 느낄 수 있다. 어깨 스트레치 3과 4로 어깨 주변의 근육도 펴졌을 것이다.

Step 12. 손목 스트레치

손목도 확실히 펴두자. 넘어지거나 스톡워크로 인해 의외로 부상을 입는 경우가 있다. 손목을 손등쪽으로, 그다음에는 손바닥쪽으로 최대한 신전시킨다. 최대신전 부위에서 5초간 정지한다.

Step 13. 엉덩관절과 넙다리 스트레치

사진과 같은 자세로 천천히 앞뒤로 움직이면 어느 근육이 펴지고 있는지 자각할 수 있다. 움직이는 것만으로도 이들 근육이 펴지기 때문에 흔들면서 펴는 것도 좋다. 스톡으로 지탱하는 것이 편하다.

Step 14. 엉덩관절과 넙다리뒤쪽 스트레치

양손으로 스톡을 짚고 한쪽 다리를 쭉 편 채 앉는다. 천천히 실시하며, 최대 신전상태에서 5초간 정지한다. 반대쪽 다리도 같은 방법으로 실시한다.

Step 15. 다리 뒤쪽 스트레치

발끝을 띄우고 이 자세를 취하면 아킬레스힘줄부터 엉덩이까지 다리 뒤편 전부가 펴지는 것을 알 수 있다. 가능한 한 넓은 부위를 천천히 편다. 허리가 아플 때에는 허벅지부터 엉덩이까지를 펴자.

Step 16. 몸 뒤쪽 스트레치

손을 펴서 가능한 한 멀리 스톡을 찔러서 몸을 앞으로 기울이고 신체의 뒤편 전체를 펴보자. 스톡에 기대는 모양으로 가능한 한 몸은 앞으로 하고, 스키부츠를 힘껏 구부려 보자.

Step 17. 어깨와 엉덩관절 스트레치

어깨와 엉덩관절을 동시에 스트레치하는 자세이다. 발을 모은 상태에서는 엉덩이 주위를 중점적으로 스트레치하고, 벌린 상태에서는 엉덩관절 주변을 집중해서 스트레치하자.

Step 18. 엉덩관절과 다리 안쪽 스트레치

편 쪽이 발의 안쪽, 구부러져 있는 쪽이 엉덩관절이다. 이렇게 해서 스톡을 찌르면 균형도 잡기 쉬우며 스톡 취급에도 익숙해진다. 이때부터 스톡을 활용하는 습관을 들여서 스톡에 친숙해지기 바란다.

Step 19. 넙다리 뒤쪽과 엉덩이 스트레치

어깨와 엉덩관절을 동시 스트레치하는 자세이다. 발을 모은 상태에서는 엉덩이 주위를 중점적으로 스트레치하고, 벌린 상태에서는 엉덩관절 주변을 집중해서 스트레치한자.

Step 20. 넙다리 앞쪽과 허리 스트레치

이번에는 등쪽에 탑부터 스키를 세우고 등에 테일(tail)을 지는 형태로 하는 스트레치이다. 이는 사진과 같이 몸의 앞부분, 특히 엉덩관절부터 넙다리까지 잘 펴지는 스트레치이다. 몸을 가라앉히듯 하면 더욱 펴지는 것을 느낄 수 있다.

Step 21. 발목 돌리기

마지막으로 발목돌리기이다. 초보자는 갑자기 예측이 불가능한 모습으로 넘어져 발목이 꺾이는 경우가 빈번하다. 확실히 발목을 좌우로 흔들어준다. 턴 동작에서 스키를 움직이는 이미지를 떠올리며 '하나 둘, 하나 둘' 하면 일석이조의 워밍업이 된다.

참고문헌

김동환(2003). 스키 100% 즐기기. 가림출판사.
김윤태(2009). 스키 스노보드 에센스. 대경북스.
남청웅(2009). 프라임 스키 레슨. 대경북스.
오수학, 추건이(2004). 스키. 무지개사.
일본스키교사협회 저, 신정현 역(2007). 실전 스키 레슨 70. 삼호미디어.

岩渕隆二(2007). スキー初中級レッスン. 実業之日本社.
上村愛子(2008). スキーがうまくなるカラダのつくり方. 実業之日本社.
渡辺一樹(2003). スキー上達BOOK. 成美堂出版.
井山敬介(2008). DVDで完全マスター！ 井山敬介のスキー上達メソッド. 実業之日本社.

Martin Heckelman(2000). *The New Guide to Skiing: A Step-by-Step Guide in Color*. W. W. Norton & Company.
Warren Smith(2006). *Go Ski*. Dorling Kindersley.

저 | 자 | 소 | 개

이 필 근

동국대학교 사범대학 체육교육과 졸업
동국대학교 대학원 체육학석사
국민대학교 대학원 이학박사
San Francisco State University 연구교수
현 오산대학 스포츠과학계열 교수

김 강 래

오산대학교 사회체육학과 졸업
남서울대학교 운동건강학과 졸업
명지대학교 대학원 체육학석사
명지대학교 대학원 이학박사
현 남서울대학교 운동건강학과 겸임교수
현 대한스키협회 지도자연맹 위원
현 씽쿠 어린이전문스키학교 운영
전 대한스키협회 지도자연맹 스키데몬스트레이터

스키 일주일만에 고수되기

초판인쇄/2011년 12월 1일
초판발행/2011년 12월 5일
발행인/민유정
발행처/대경북스
ISBN/978-89-5676-358-3

이 책은 저작권법에 따라 보호받는 저작물이므로 무단전재와 복제를 금지하며, 책 내용의 전부 또는 일부를 이용하려면 반드시 대경북스의 동의를 받아야 합니다.

등록번호 제 1-1003호
서울시 강동구 성내동 409-5 서림빌딩 2F · 전화 : 02) 485-1988, 485-2586~87
팩스 : 02) 485-1488 · e-mail: dkbooks@chol.com · http://www.dkbooks.co.kr